036

未完のままに

陶芸家

安藤 日出武

JN129436

中経マイウェイ新書

目次

さかずきの産地

わしが生まれ育った市之倉は美濃焼の焼き物の里のひとつで、江戸時代初期のころ、加藤与左衛門常政公という人がこの地に土器を焼く窯を開いてから今日まで続いている焼き物の歴史が始まった。

そこへ、幕末から明治にかけて磁器の製法が瀬戸のほうから入ってきて、美濃焼の中ではもっとも早く磁器物を焼くようになった。

それから、京都の絵師がこの地に住み着いて、染付をやるようになった。そこへ、仕事のなくなった尾張の武士がやってきた。筆づかいが巧みで、絵を上手にかく人が多かったので絵付の技術が向上していった。

ところが、この地は焼き物のための良い資源にまったく恵まれていなかった。良い土がなく、市之倉の土は釉薬をかけて焼くと割れてしまう。だから、この辺りの窯跡を掘り起こしてみると釉薬をかけない茶碗の欠片《かけら》がいくつも出てくる。幕末以前は、そういうものを焼いていたわけだ。

釉薬をかけても割れない土がないのなら、よそから持ってくるしかない。だから、明治から大正にかけて、市之倉の人たちは良い原料をよそへ探しに行き、それを精製して焼き物の土を作りこねていた。

そういうわけで、市之倉では同じ土を使っている窯元がない。それぞれが独自の土を作っている。

資源が乏しかったたし、交通も不便だったたが、この地の人たちは頭が良かった。少しの原料を使って、少しでも高く売ることを考え、それで作ることになったのがさかずきだった。小さなさかずきでも、高級なものであれば高く売れるというわけだ。

大人のおもちゃというか、酒を注ぐと底から絵が浮かび上がってくるものとか、料亭での粋な遊び心から多種多様なさかづきが生まれてきた。

明治の中ごろには、ほかの産地に負けないために製品分別制度を発展させていく政策がとられ、美濃焼の中で市之倉は得意なさかずきを分担することになった。

市之倉はさかずきで有名になり、最盛期には全国の90パーセントも焼いていた。

筆者近影

掛け軸の肖像画

おじいさんの安藤仙太郎《せんたろう》が瀬戸の方から市之倉へ奉公に来ていて、修行を積んで窯（現在の仙太郎窯）を開いたのは、明治時代、今から130年くらい前のこと。

明治や大正のころ、市之倉には130～140軒の窯元があったそうだ。頭の良い研究熱心な人が何人もいて、優れた染付の高級なものがたくさん生まれていた。そんな中で、おじいさんは十分な焼き物の知識がないために技術的にはまるっきしだめで、市之倉ではビリケツのものを焼いていた。

それでも、兵隊さんが除隊記念や戦勝祈願で注文する「兵隊さかずき」が日清・日露戦争のころから大量に生産されるようになり、親父や姉さんから聞いた話によると、おじいさんも一生懸命働いて随分と裕福になったそうだ。

大変な不況で作ったものがまったく売れなくなると、売れ残ったものをそのまま家に置いておいて何もかもが安い北海道へ移り住み、百姓をしていた。親父が小学校の3年生か4年生のころだったという。この辺りには、ほかにも同じようにしていた人がいた。

それで、景気が良くなってさかずきが売れるようになってくると、それを売って大儲けしたそうだ。

一番上の姉さんから、おじいさんと一緒に名古屋の三井銀行（現在の三井住友銀行）へ行った話を聞いたことがある。人力車に乗って、利息をもらいにいったのだ。NHKの朝のドラマで人力車が銀行の前を通るシーンが映った時、おじいさんと姉さんはこんなふうだったのかと思いながら見ていた。

おじいさんのことは話でしか知らないが、本当に裕福だったのだと思ったことがある。蔵を整理していたら、真っ黒な箱の中からおじいさん夫婦の掛け軸の肖像画が出てきたのだ。

表情をよくとらえていて、丹念に書き込んであるすばらしい日本画で、名のある絵師によるものらしい。こういう絵は、よほど裕福でないと書いてもらえないはずだ。

娘婿が日本画家で、春日井に住んでいる。「筆さばきがすばらしいと思うが」とわしが感想を言うと、「見事なものです」と同意してくれた。

蔵から見つかったおじいさん夫婦の
肖像画

正月の生まれ

わしが生まれたのは昭和13年1月2日。正月生まれなので、「日の出の武士(男)」という意味の「日出武《ひでたけ》」と名づけられた。良い名前だ。陶芸家としてもすごく良い。「芸名ですか?」と聞かれることもあるくらいだ。

昔の人は、今の人がびっくりするくらいたくさん子供を産んだ。わしは女4人、男4人の8人兄弟の一番下。8人のうち、女も男も子供の時に一人ずつ亡くなってしまったので、6人兄弟として育ってきた。

どんな子供だったかというと、ともかく横着だった。まったく勉強しなかったし、家には机もなければ何もない。ミカン箱がひとつあるだけのような家だった。あの当時はみんな、そんなふうだった。

小学生の時に戦争が終わったが、あのころは食べることだけでなくすべてのことで難儀した。一番上の姉さん、美津子《みつこ》がリュックサックに陶器や着物をいっぱい詰め込み、中央線の汽車に乗り込んで長野まで買い出しに行った。本当に何もなく、そうしなければ野菜も米も手に入らなかった。

2番目の姉さん、幸子《さちこ》は学校を出てからトヨタ自動車へ勤めた。まだわしが小さかったころは、母親代わりとして末っ子のわしの面倒をよく見てくれた。兵隊には一番上の兄貴、達郎《たつろう》が行ったが戦車隊に所属していて、終戦の時は内地にいたので無事帰ってくることができた。本当に外国へ行かなくてよかった。復員してきてからしばらくは、親父の窯焼きの手伝いをしていた。

2番目の兄貴、雄次郎《ゆうじろう》はとにかく野球が得意な人で、多治見工業高校へ通っていた時は硬式野球部に入っていた。おしいところで甲子園には行けなかったが、岐阜の川島紡績（現在のカネボウ）へ就職して野球を続け、社会人野球の全国大会にも出場することができた。

わしも同じように多治見工業高校へ通うことになった。その時は一番上の兄貴が家の仕事を手伝っていたので、親父はわしに「おまえは商社のような所へ就職すればいい」と言っていた。

学校の成績は悪くはなかったが、家にお金がなくて難儀しているのを知っていた。そこで、2年生の時にあっさり中退してしまい家の手伝いをすることにした。それなのに、なぜか卒業したことになっている。

２番目の兄と筆者が学んだ多治見工業高校

「ねこなし皿」

高校を中退した時、親父は2寸5分の小皿を作っていた。食堂へ入ると、漬け物をのせて出てくる小さな皿のこと。1枚が2円とか3円とかの安い皿で、寝る間を惜しんで働かなければ儲けが出てこないので、「寝っこなし」から転じて「ねこなし皿」と呼ばれるようになった。

中退して家の仕事を手伝うことになったが、なかなか焼き物をする気になれなかった。それでも高校の時は実技の点数が良かったし、家で作っていたのが白い磁器ものだったのであえて親父から教わるようなことはなく、土を買い、釉薬を買って、ごく自然に見よう見真似で仕事を覚えていった。

家の仕事は一番上の兄貴が継ぐものと思っていたが、わしが手伝い始めたので少しは気が楽になったのか、兄貴は「ねこなし皿」をこのまま作り続けていても生活が楽にならないと考え、家の仕事を辞めて焼き物関係の会社へ就職した。わし一人が取り残されて、結局3代目を引き継ぐことになった。

2代目は親父の喜七《きひち》だが、焼き物の勉強はまったくしない人だった。当時としては珍しく高等小学校を卒業していた。杜甫《とほ》とか李白《りはく》の漢詩が好きで、自分でも漢詩をつくったり、書をたしなんだりするなど文人的なところのある人で、よく分厚い漢和辞典を開いて熱心に読んでいた。

その頃の市之倉では、漢詩を読むような人はほとんどいなかった。焼き物のほうはビリケツでも、親父の漢詩や書はそれはそれで良い勉強になった。陶芸の道へ進むようになって、書は大切なのでよりそう思うようになった。

一番上の兄貴が家の仕事を辞めて一人取り残されたわしも、小さな皿とかさかずきをいつまでも焼いていてはいかんと思うようになった。

あれは昭和35年の5月ごろ、ベレー帽をかぶり、口ひげを生やした人がわしの家へやって来た。市之倉の窯焼きの親父の中に書や漢詩好きのおもしろい男がおるという話を聞いて、訪ねてきたわけだ。

それから、わしの人生が大きく変わっていくことになる。

「ねこなし皿」と呼ばれた当時の皿

家宝の「竹の絵」

やって来たのは、陶芸界の巨匠、加藤唐九郎《とうくろう》先生だった。うちの親父と話しているうちにすっかり意気投合して、2人で酒を酌み交わしていた。

「何か書いてもらえませんか?」

話が弾み、酒の勢いもあって親父はそんなお願いをした。すると、唐九郎先生は快く了解していきなり筆を取り、さらさらと「竹の絵」を書き始めた。あっという間に10枚を書き上げてその中の1枚を残し、ほかの9枚はくしゃくしゃに丸めてごみ箱へ捨ててしまった。残った貴重な1枚は掛け軸にして、家宝としてわしが引き継いで大切に保管している。

家業を継ぐために陶磁器づくりの基礎を勉強していたが、小さなさかずきとか小皿とかいつまでも焼いているわけにはいかないと悩んでいた。

そんなわしに、唐九郎先生は言われた。

「1200度とか1300度の温度の窯をやっていているのに、十分に役立てていない。焼き物をやるのなら、美濃で生まれた焼き物をやらんといかん」

それは、桃山時代に生まれた志野《しの》であり、黄瀬戸《きぜと》であり、織部《おりべ》であるわけだが、先生の言葉は、その時にはそれが何なのかまだよく分からなかった。しかし、いろいろな焼き物の修行がそこから始まっていくことになる。

それからすぐに、「永仁の壺事件」というえらい出来事が起きてしまい、わずか1週間後に先生はパリへと旅立っていった。

型破りで豪快、それでいて優しいところのある、いつまでも探求心の旺盛な素晴らしい先生とは事件後も親しくお付き合いしていただき、40歳くらい年の違うわしはたくさんのことを教えていただいた。

※「永仁の壺事件」とは、鎌倉時代の作とされる壺が古い窯跡から見つかり、国の重要文化財に指定されたが、これが加藤唐九郎の贋作《がんさく》だったとされる事件。

加藤唐九郎先生が書いた「竹の絵」

美濃で生まれた焼き物

唐九郎先生から「焼き物をやるのなら、美濃で生まれた焼き物をやらんといかん」と言われ、すっかり心を動かされて、さっそくそれにふさわしい土を探すことから始めることにした。

家の仕事は毎月1日と15日が休みになっていたから、その日の朝になると母親に弁当を作ってもらい、リュックサックを背負って山歩きに出掛けた。

土岐津駅を降りて可児の方を目指し、20キロとか30キロとかの距離を夕方になるまで土を求めてあてもなく歩き回った。土探しだけでなく古い窯を見つけると掘ってみて、どんなものを焼いていたのか陶片を探したりもした。

崖をよじ登ったり、生い茂る草木をかき分けて良さそうな土を見つけると、指先でこねて伝わってくる感触から粘り気を確かめたり、口に含んで味をみたりしてみたが、このような苦労がむなしいように思えてきた。

なぜかというと、どういう土が本当に良い土なのか、22、23歳のわしにはまだよく分からなかったからだ。

そんな時、一番上の姉さんが可児市の久々利《くくり》という所に嫁入りしていて、役所に勤務している旦那が、わしが土を探しているのを知るとどこへ行けばいいのか教えてくれた。それが、思い掛けない幸運をもたらしてくれたのだ。

教えられた方を目指して歩いていくと、ぽっかり穴があいていた。穴の前には鉄状網が張ってある。「ここだ！」と思った。それがどういう穴かというと、昭和を代表する美濃焼の陶芸家、荒川豊蔵さんが土を採取している穴だった。

鉄状網を越えて穴の側まで行き、取った土を指先でこねたり舌で味わったりして、「そうか！　こういう土が良いんだ」とようやく理解することができた。いま窯跡はしっかり管理されているが、当時はまあこんなもんだった。

穴のあった辺り一帯は、陶芸に良い土がよく出てくる。ゴルフ場の富士カントリー可児クラブの造成が行われていた時も良い土が出てきたので、もらってきたことがあった。

理想の土を求めて

基礎を学ぶ

器を焼くための基本技術については、家の仕事を手伝う以外にもいろいろ学ぶ機会に恵まれた。

高校を中退してしばらくしたころには、市之倉で陶磁器づくりの基礎を学ぶための「青年学級」が開かれているのを知って、さっそく参加することにした。

青年学級というのは、戦後に制定された青年学級振興法という法律に基づいた制度で、市町村が勤労している青年たちを対象に、職業に必要な知識や技能を修得させるための機会を提供していた。

その後、高校の進学率が高まったり、ほかにも学習の機会が増えてきたので法律は廃止されている。

当時はいろいろな職業に関する青年学級があったが、市之倉では多治見市が陶磁器づくりに関する勉強会を開いていた。名人と言われているいろいろな先生方が熱心に教えてくれた。

わしは家業を手伝いながら週に1、2回この勉強会に通い、同じ年ごろの人たちと机を並べた。

そのおかげで、土をつくり、器の形をつくり、釉薬を調合し、器を焼くというように、陶磁器を製作するための基本技術をしっかりと身に着けることができた。

青年学級で学んだ後、市之倉陶磁器工業協同組合がつくっている「市之倉陶光会」に入会した。地元の窯元の2代目や3代目が入っている集まりだ。ほとんどが昔からよく知っている幼友達で、今では亡くなった人もいるが親しくしている人ばかりだ。

毎月勉強会が行われていて、ここでは基礎的な技術というよりは陶磁器を商品として世の中へ送り出すために必要な知識を勉強することができた。

大きな影響を受けたのは、クラフトデザインの先駆者として知られ、戦後の日本を代表する陶磁器デザイナーとして大きな足跡を残された日根野作三先生だった。

生活様式が変化していくのに伴って新しい工芸デザインが求められるようになり、斬新なデザインをどうやって生み出していけばいいのかご指導していただいた。この時に勉強したことは、その後の器づくりに大いに役立った。

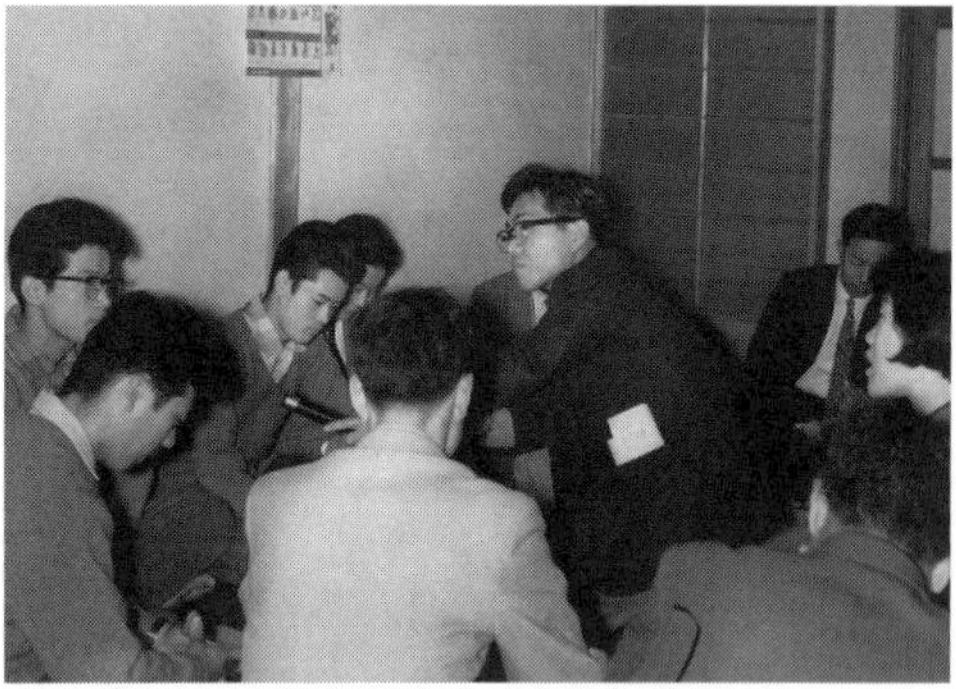

「青年学級」での勉強会

美濃焼を代表する焼き物

陶磁器づくりの基礎技術を学び、デザインの知識を身に着けても、それだけでは唐九郎先生がおっしゃっていた桃山時代の美濃焼を生み出すことはできなかった。

その時代の焼き物が志野であり、黄瀬戸であり、織部であることは分かっていた。すでに、すぐれた先人がこの時代の焼き物の再現に挑戦し、成功してもいた。こうした巨匠にとって製法は門外不出の秘法であり、どのように作ればいいのか、これから陶芸の道を目指そうとしていたわしのような者には知る由もなかった。

できることと言えば、桃山陶の聖地である可児の山の中を歩き回って桃山時代の窯跡を訪ねることしかなく、当時の陶片を拾い集めてそれらをしっかり観察することから始めなければならなかった。

集めてきた陶片を眺めていて、もっとも心惹《ひ》かれたのが志野焼だった。本を読んでいろいろ調べたが、土を落とした時に浮かび上がってくる白が何とも美しく、気品があり、それでいて肉厚な感触は男性的で、いかにも茶人でもあった桃山の武人が好んだ器のように思えた。

「志野をやってみよう。志野こそが美濃焼を代表する焼き物であり、これを再現してみせることがこれからやらなければならない仕事だ」

そう決心したものの誰かが教えてくれるわけではなく、すべては独学で進めていくしかない。教えてくれるのは、いにしえの陶工たちが残してくれた陶片だけだった。

いろいろな土を使い、釉薬も研究して、家業であった「ねこなし皿」を焼く合間に焼いてみる。ちょうどこのころ、それまで使っていた伝統的な登り窯や石炭窯からガス窯に替えたので、このガス窯で焼き上げた。

それを窯跡から掘り起こしてきた陶片と色合いやツヤを比較してみる。しかし、簡単には再現することができない。だから、それを廃棄して、また違う製法で焼いてみる。

いつ終わるか分からない繰り返しの中で、口に含んでみた時にトロリと溶ける土が志野に向いているとか、釉薬の配合や焼き方など次第に自分なりの製法を確立していくことができた。

当時、焼いていた志野の角皿

「長石」を無料で提供

志野を手掛けるようになった時、その後のわしにとってとても大切な人に出会うことができた。この人と出会っていなければ、その後のわしはなかったかもしれない。これからという時に、運良くこういう人が目の前に現われるものだ。

親父が親しくしていた一人に、河本末吉という人がいた。春日井市高蔵寺町で『窯技』という焼き物に関する冊子を発行していた人で、毎号、原料から窯や焼成法、釉薬の調合というように陶磁器の製造に関する専門技術が掲載されていた。

河本さんは酒好きな人だった。親父も好きだったので、2人は飲み友達でもあった。

ある日、その河本さんが一人の男の人を連れてやってきた。井上産業という会社の社長をしている井上太郎という人だった。

井上産業は滋賀県大津市にある石山寺の奥にある平津という所に、長石《ちょうせき》の鉱山を持っている会社だった。長石はアルミナを豊富に含んでいて、志野焼の最大の特色というべき白を出すための釉薬の原料として、なくてはならないものだった。

どうして河本さんが井上さんを連れてきたかというと、河本さんは親父からわしが志野をやろうとしているのを聞いていて、井上さんが美濃の方へやって来た機会に、わしに紹介するためにわざわざ連れてきてくれたのだ。

それから4人でいろいろ話し、井上さんは親父よりもわしのことをすっかり気に入ってくれたらしく、思いも寄らないことを言った。

「おまはんがこれから使う長石は、どんなものでも全部、一手に提供してやる。

金は一銭もいらん」

家業のかたわらで志野を焼いていたが、なかなかうまくできないので焼いては廃棄することを繰り返していた。要するに、売り物にならないものを焼いていたのだ。

そんなわしにとって、土は山から取ってくるのでただで手に入るが、長石までただで提供してくれるということなので、こんなありがたい話はなかった。

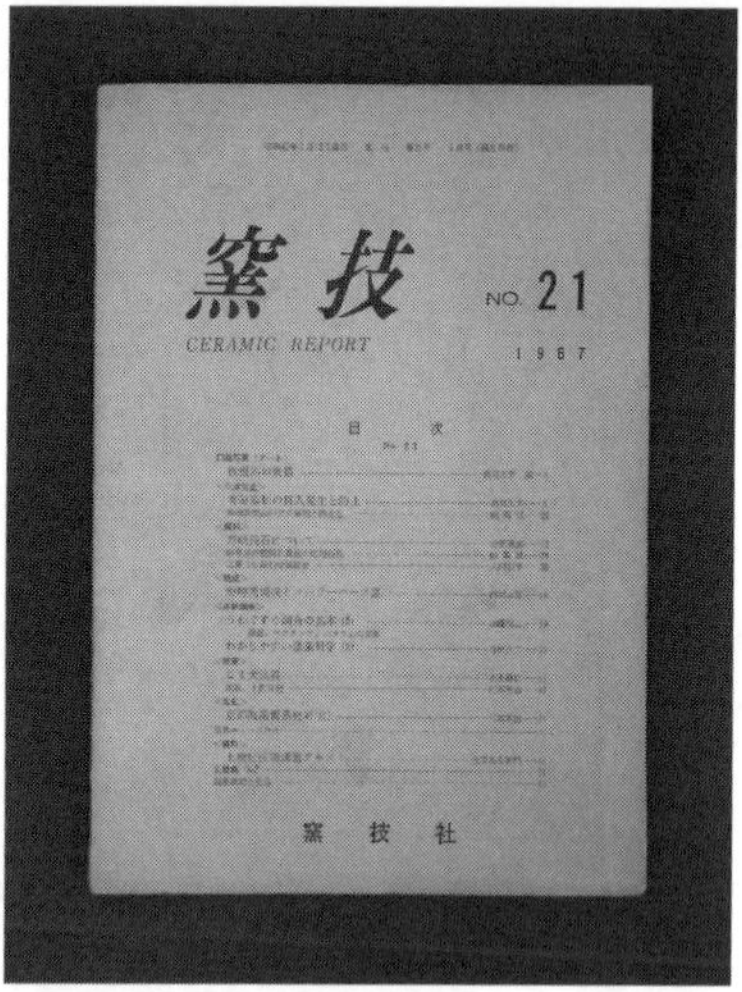

陶磁器の専門技術を掲載した『窯技』

最高級の「長石」

井上さんがわしにしてくれた約束は、年を経れば経るほどすごいことになっていった。

やがて、わしは志野を世に送り出すことになり、志野焼がブームになってきたこともあって何千枚という単位で注文が入るようになっていった。そうなれば、使う長石の量も膨大になり、何トンという長石がトラックで運ばれてきた。同じ鉱山で採れる長石でも、風化しているものとか、固まっているものとかいろいろな種類があって、どのような志野を焼くかによって使う長石も違ってくる。

井上さんはどんな種類の長石をどれだけ使っても、無料で提供し続けてくれたのだ。この好意に応えるために、わしは誠心誠意仕事に打ち込んできたが、まったくもってこんなありがたいことはなかった。

大津市の平津で採れる「平津長石」は、信頼できる釉薬を作るためになくてはならないものであり、ほかの長石を使ったことは一度もない。井上産業へ訪れ、トロッコに乗って、地下にある採掘現場を見に行ったことも何度かある。

長石を釉薬として使うには、微粉末にしなければならない。初めのうちは手動の粉砕機を使っていたが、より細かく大量に砕くために大きな機械を設置することにした。

巨大な石臼を回して粉末にする機械で、原料メーカーでは使っている所があるが、窯元で導入しているのはうちしかない。

結局、井上さんは亡くなるまでの50年間近く、最高級の長石を届けてくれた。娘さんばかりだったので山口さんという婿を取り、今はお孫さんの代になっている。

深い信頼関係で結ばれ、3代続けての付き合いを続けている。井上さんが提供してくれた長石はまだ残っているし、亡くなられた後も遺志を継いで無料で提供してもらっている。そのくらい、すごい約束なのだ。

長石を粉砕する大型の機械

節目の年

昭和38年という年は、公私にわたってひとつの節目となった。まず「私」のほうから言うと、10月に自宅で結婚式を挙げ、仁子《よしこ》を妻に迎えた。

ほかの地域にもあるが、市之倉にも「青年団」があった。地元の若い者が親睦を深めるための団体で、夏祭りの日に盆踊りを計画したり、敬老の日にお年寄りに楽しんでもらうためのアトラクションをして、地域に貢献する活動を行っていた。

多治見市の青年団協議会が演劇会を開いた時に、記憶はあいまいだがわしは宮沢賢治原作の演劇に出演したようにも思う。主役だったかもしれん。

青年団は25歳になると卒業しなければならないが、わしが結婚したのは青年団を卒業する時だった。

この年に団長をしていて、青年団の役員の中にまじめでしっかりしている2歳年下の女性がいた。一緒に活動をしている時の印象も良く、心ひかれるところがあった。それが仁子だった。

それだけでなく、仁子は近くにあった窯元の娘だった。わしはと言えば、いずれは家の仕事を継がなければならなくなる。妻となる人には、しっかり仕事を手伝ってもらわなければならない。

そうであるのなら、窯焼きの苦しさや辛さをよく心得ている人のほうが良いだろうと思い、プロポーズした。

本人同士がいくら良いと思っていても、それだけでは結婚が決められない時代だった。そこで、2人の気持ちをそれぞれの親に伝えると、両家の間で話し合いが持たれ、「ええやないか」ということになった。

結婚したものの、自宅の雨漏りを修理する余裕がないくらい暮らしは楽ではなく、仁子は何ひとつ不平不満を言うことなく、朝から晩まで家の仕事を手伝ってくれた。

そんな仁子の姿を見ていて、思いが強く込み上げてきた。

「いつまでも値段の安いねこなし皿を作っていてはいかん。これから生まれてくる子供たちのためにも、何としてでも、もっと高く売れる良い食器を作らなければいかん」

妻の仁子も窯元の娘

第一歩を踏み出す

次は「公」に係わる出来事、すなわち焼き物に関することでは、初めて陶芸の公募展に応募し入選することができた。日常使いの陶磁器類を作る職人ではなく、陶芸家として認められるための第一歩を踏み出していくことになったのだ。

陶芸の世界では、何をどのように作ればいいのか誰も教えてはくれない。独学で、手探りで、自身の道を追求し、きわめていかなければならない。

そのために志野の古い窯から陶片を掘り出して観察し、山で土を探したり、釉薬を研究したりしながら、何度も焼いては捨てながら模索を続け、失敗に失敗を重ねてきた。その結果「これなら良いかもしれん」という作品を作り上げることができた。

そこで、この年に第1回が開催された「朝日陶芸展」へ応募することにした。後に〝若手陶芸家の登竜門〟と言われるようになっていく全国規模の公募展だ。わしはここに志野の花器を出品した。公募展への出品はまったく初めてだったが、入選することができた。

そのことが自信になり、翌年には「日本伝統工芸展」へ応募した。この工芸展は、さまざまなジャンルの伝統工芸作家で組織する日本工芸会が昭和29年から年1回開催しているもので、陶芸の分野では全国の陶芸家が応募し、その技を競っていた。

わしは志野焼の作品を出品した。ここでも初めての出品だったが、入選することができた。日本を代表する公募展なので、驚いたし、感激したし、うれしくて、この年に開通したばかりの東海道新幹線に乗って、東京・日本橋の三越本店で開催された受賞・入選作品の展覧会を見に行った。

それからも応募を続け、朝日陶芸展には連続で入選。入賞も2回した。日本伝統工芸展でも入選を重ねて、昭和49年に日本工芸会の正会員になるまで応募を続けた。

入選を重ねていくうちに自信が深まっていき、受賞式や業界の会合などでほかの陶芸家と顔を合わせる機会も増えていった。

第 23 回日本伝統工芸展に出品した志野の花器

予想外の出来事

結婚して公募展に初入選した年から2年後の昭和40年、仙太郎窯のあり方を大きく変えていくことになる出来事があった。突然、数千枚という志野の皿の注文が舞い込んできたのだ。それまでの仙太郎窯ではとても考えられない、大量の注文だった。

この予想外の注文の背景としては、こんな事情が考えられる。

可児市の久々利で志野の陶片を発見し、美濃桃山陶を作り続けてきた荒川豊蔵さんが人間国宝に選ばれ、それから全国的に志野ブームが起きてきた。志野を買いたいという愛好家がどんどん増え、それこそ〝猫も杓子も志野〟という状態になった。ところが、作家ものではなく日常使いの焼き物で、志野を焼ける窯元はほとんどなかったのである。

志野として出回っているものも品質が悪く、陶磁器商社は「愛好家を満足させることができる本物の志野が焼ける窯元は、どこかにないだろうか」と本気で探し始めた。

そんな時、ブームになる前から志野に愛着を抱き研究を続けてきたわしの作品が公募展に入選し、「市之倉に志野の焼ける窯元がある」と知られるようになっていった。

初めての大量注文をくれたのは、地元の陶磁器商社の前畑陶器（現在の前畑）だった。今月は青磁、来月は志野というように、毎月全国各地の違う焼き物が送られてくる頒布会を百貨店で計画していて、そのための志野を探していたのだ。

頒布会の中でも志野人気はとりわけ高く、千枚単位で志野の皿を発注してくれた。わしはうれしくてならなかった。それまで一枚が3円とか5円の「ねこなし皿」を作って売っていたのに、1枚200円というふたケタも違う値段の皿がどんどん売れていったからだ。

ちょうど高度経済成長の時代で、景気にも恵まれてその後も注文が相次いだので、「ねこなし皿」から脱却してもっと良い焼き物を作りたいという夢をようやく実現していくことができた。

その出発点は前畑陶器であり、亡くなられた坂崎重雄会長には会うと「おまはんの所のおかげで、今のわしの所がある」といつも言っていたし、坂崎義雄社長にも言っている。

志野を大量注文してくれた陶磁器商社の「前畑」

ピンクとねずみ色

仙太郎窯の志野が広く受け入れられていくと、もっと良いものを作りたいという意欲が出てきて、山からいろんな土を取ってきては焼いてみた。わしには師匠がおらんので、自分一人で考えてこういう土を使い、このくらいの温度で焼いたら、こういうものができるというように手探りでさまざまな試みを続けたのだ。

そんなことを続けているうちに、焼くと淡いピンクになる土とねずみ色になる土を見つけることができた。それで、これを生かした志野を焼いてみようと思った。

ひとつの器に志野本来の白を挟んで、ピンクの梅とねずみ色の紅葉を描き、梅が春、紅葉が秋を表わすことから「春秋」シリーズと名づけて湯飲み茶碗や皿、花器などを作った。この「春秋」シリーズは、東京の百貨店で大ヒットした。

多治見の陶磁器商社を通して、ある医薬品会社から大口の注文をもらったこともあった。取引のある全国のお医者さんの誕生日プレゼントにしようというもので、「今年はこれ」というように毎年趣の異なる焼き物を考えて提供した。

このように、仙太郎窯が新しい姿に変わっていく中で、周囲のいろいろなことも変わっていった。

陶芸家としてのわしは、昭和45年、第8回朝日陶芸展に直径60センチの「志野大皿」を出品し、静岡県知事賞を受賞した。この年には大阪万博が開催され、中堅企業連合出展の生活産業館に知事賞受賞作品よりもひと回り大きな「志野大皿」を出展した。

さらに、翌年には第1回日本陶芸展に初入選し、昭和48年には第11回朝日陶芸展で奨励賞を受賞した。

家庭では、結婚した翌年に長女の徳子《のりこ》が生まれ、昭和44年には仙太郎窯の4代目となる長男の工《たくみ》が生まれた。

昭和47年には、絵付を引き受けてくれていた父が亡くなった。その仕事を受け継いでくれたのは、妻だった。大量の注文が来るようになり、仕事のし過ぎで筆を持つ右手がけんしょう炎を起こしたこともあったが、不平不満を言ったことは一度もなかった。

東京の百貨店で大ヒットした「春秋」シリーズ

本物に近づける

志野を焼いているうちに、だんだん物足らなくなってきた。欲も出てきた。焼けば焼くほど本物ではないような気もしてきた。

桃山時代の陶工たちが残した陶片を掘り起こして研究を重ね、桃山時代の人たちが使っていたと思われる土で焼いてみても、それだけでは本物を作り上げることはできない。努力には限界がある。乗り越えられない時代の壁があるからだ。

少しでも乗り越えて本物に近づくには、桃山時代の陶工たちと同じ環境のもとで同じ苦労を重ね、同じ気持ちで向かい合う必要がある。そのために、石炭やガスのなかった桃山時代の窯、穴窯《あながま》で焼いてみたい。わしはそう願うようになった。

穴窯とは、もっとも古い時代の焼き物の窯のことだ。山の斜面に掘った穴を利用して作ったものである。瀬戸から多治見にかけての丘陵地帯では、鎌倉時代ごろから作られてきたと言われている。

焼き物、とりわけ磁器がたくさん使われるようになってくると新しい窯が登場した。斜面の上に複数の窯を並べていく登り窯だ。下の窯から上の窯へと熱風が流れていくので、一度に大量の陶磁器を焼くことができる。

窯を焚《や》く燃料は赤松の割り木を使っていたが、近代になると石炭を燃料にした石炭窯やガスを使ったガス窯が登場して、だんだん便利になっていった。

だが、桃山時代の陶工たちが焼いていた本来の志野を作り上げるには、時代をさかのぼっていき原点に帰る必要がある。そのためには、不便で使い勝手の悪い穴窯で焼かなければならない。

どんな苦労が待ち受けているか何も分からなかったが、そのことに大きな魅力を感じるようになっていった。

そんなある日、仙太郎窯のガス窯を作ってくれた大和工業の社長、佐々木好道さんがわしの所へ来て言った。

「穴窯を作るが、どうじゃな。やってみんかね？」

大和工業は築炉メーカーでいろいろな窯を作っており、穴窯も手掛けようというのだ。願ってもない申し出だった。

大和工業社長の佐々木好道氏（左）と

初めての挑戦

佐々木さんが穴窯を作ったのは、土岐市鶴里町にあった自分の家の近くだった。佐々木さんは仕事柄いろいろな窯に興味があり、山の斜面を利用して半地上式の穴窯を作り上げたのだ。昭和54年のことだった。

穴窯が出来上がれば、それを使っていにしえの陶工たちが手掛けた桃山陶を作ってみたくなるのは人情である。わしが穴窯に興味を持っているのを知っていたので「どうや」と声を掛け、わしはその話に乗ったというわけだ。

引き受けてはみたものの、当然のことながら生まれてからそれまで穴窯を使った経験は一度もない。荒川豊蔵さんとか、人間国宝の加藤孝造さんとか、穴窯を手掛けている何人かの先人はいたが、師匠というわけではないし教えてもらうことはできない。

幸いなことに、わしは登り窯を知っていた。自分で焼き物をした経験はなかったが、16歳のころに親父を手伝っていたので、雰囲気だけは分かっていた。

これを唯一の手掛かりとして、大量の赤松の割り木を用意した。赤松はヤニ、すなわち樹脂をたくさん含んでいるので火力があるし、火足も長い。こういう性質を利用して昔からかがり火などに用いられてきた。

この赤松の割り木を燃やし続けて、最終的には窯の内部の温度を1200度にまで高めていくのだ。

もちろん、穴窯と登り窯の違いは理解していた。登り窯は窯を地上に作るので、熱しやすく冷めやすい。こういう窯は磁器を焼くのに向いている。

それに対して穴窯は地面を掘った穴を窯にするので、周囲の地面に熱が伝わっていく。このため、熱くなりにくいし一度熱くなれば冷めにくい。こういう窯は志野や黄瀬戸に向いている。

そのことが分かっていたからこそ、穴窯で本物の桃山陶を焼いてみたかったのだ。

こうして、わしの初めての挑戦が始まっていくことになる。

穴窯に割り木をくべる

6昼夜焚き続ける

昭和54年10月、初めて穴窯を焚く日がやってきた。これから六昼夜にわたって窯に赤松の割り木をくべ続け、必要な火力にまで上げていかなければならない。最後の最後まで、ひと時たりとも窯から目を離すことができないのだ。

桃山時代の陶工たちの心意気に触れてみたい、焼き物の奥深さも追求したいと意欲満々だったので、不眠不休で頑張る覚悟はできていたがわしも人間だから自ずと限界というものがある。

6昼夜の中には、交代してくれる人がいてほしい時がある。窯の火力を上げるために、5～6分おきに割り木を窯に投じなければならないような時にはそれを運んでくれる人が必要になる。とても、一人で乗り切れる仕事ではないのだ。

窯は鶴里町にあったが、幸いなことに、近くに3番目の姉の福子《ふくこ》が嫁いでいて、福子と夫の春田弘和さんが手伝ってくれることになった。

穴窯を焚いた経験は一度もなかったし、わしには師匠がいない。だから、登り窯を手伝っていた時の体験を手掛かりにするしかなく、正直なところただやみくもに焚き続けるしかなかった。

始めてみると、穴窯は登り窯とはやはり違っていた。構造の違いは理解していたが、実際は想像をはるかに超えていた。それでも悪戦苦闘を続け、何とか6昼夜を乗り切った。

桃山陶を再現するための穴窯が造られ、そこで初窯が焚かれる。それは、陶芸ファンにとってはきわめて興味深い試みだった。関係者の間に評判が広まっていき、松坂屋本店（現在の名古屋店）から「初窯の個展」を開きたいとの要望があった。悪い話ではなかったので引き受けた。

六昼夜が過ぎていよいよ窯出しという日には、松坂屋本店の美術画廊担当者たちがやって来て様子を見守っていた。テレビの取材クルーも来て、テレビカメラが向けられた。

初窯で焼き上げたのは志野と黄瀬戸の茶碗や皿、花器類などの200点。果たしてどんな出来栄えなのか、わしは緊張し、集まっている人たちも固唾《かたず》を飲んで見守っていた。

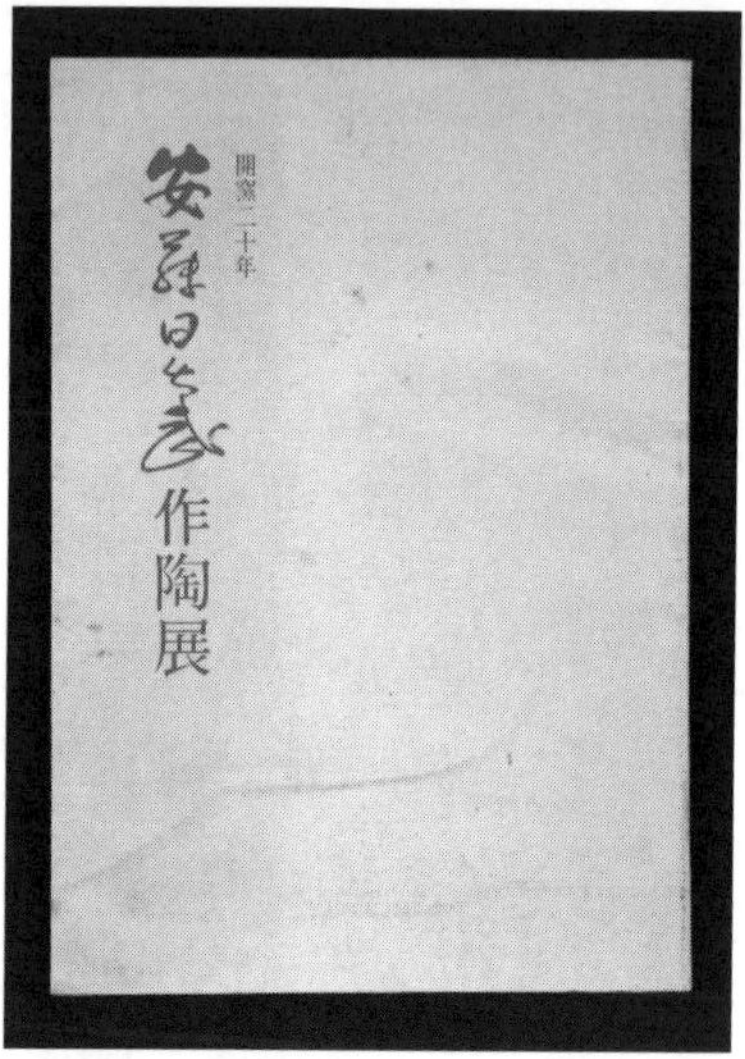

松坂屋本店で開催された「開窯二十年　安藤日出武作陶展」の図録（昭和 58 年）

逃げ出したい気持ちに

わしは、松坂屋本店の美術画廊担当者たちやテレビカメラに向かって、にこやかに対応していた。

しかし、まだ熱気の残る穴窯から最初の茶碗を取り出した瞬間、わしは青ざめ、言葉を失った。完全な失敗であることに気づいたからだった。

ほかの作品を取り出してみても、どれもこれもまったくひどいものばかりだった。釉薬は溶けてはいたが、炭を焼いた時のように全体がひどくくすぶっていて、志野も志野らしい色が出ていなかったのだ。

完全な失敗だったと分かり落ち込んでいるわしに声が掛けづらいらしく、松坂屋本店の担当者は作品を手にできず言葉少なげに帰っていった。テレビ局の人たちも静かに引き上げていった。

今でもよう忘れんが、わしはひどいショックを受けて本当に逃げ出したいような気持ちだった。6昼夜を費やしてものすごい量の赤松の割り木を使ったのに、すべてが無駄になってしまったのだ。

それ以前にもそれ以後にもない、人生で最大の失敗だった。どうしてこんなことになったのか？　さすがにすっかり落ち込んでしまい、しばらくは何もする気になれんかった。

だが、失敗を失敗のまま終わらせておくわけにはいかない。なぜ失敗したのか、その原因を突き止めなければならない。

冷めた穴窯の中を見ていて、原因はすぐに分かった。燃料の赤松の割り木を焼いた時の処理の仕方が悪かったのだ。

炎を上げて燃え上がった赤松の割り木はやがておき火になり、それが少しずつ白い灰になっていかなければならない。割り木が燃えた後のおき火が燃えた木を灰に変えながら、窯の中の温度をゆっくり下げていく。このことが焼き物に深い色合いを与えてくれるからだ。

そのためには、割り木が燃えた後にも空気を送ってやらなければならない。ところが、わしは割り木が燃えた後、すべての空気孔を塞《ふさ》いでしまった。このため穴窯の中が酸素不足になり、不完全燃焼で炭化した割り木を灰にすることができなかったのだ。

松坂屋本店の作陶展に出品した「絵志野茶碗」(昭和58年)

再び穴窯に挑む

初窯は完全な失敗に終わったが、その原因は何とか突き止めることができた。それに、穴窯に挑戦するという折角の機会を無駄にしたくはなかった。松坂屋本店の美術画廊担当者が個展を計画してくれたのだから、「何としてでもその好意に応えなければ」という意地もあった。

だから、やり方の悪かったところを修正して、もう一度挑戦してみることにした。失敗してから3日後には気持ちを立て直し、その後に取った行動も速かった。

作家ものの作品を焼く場合、普段であればひとつの窯を焚いて次の窯を焚くまでに、今も昔も少なくとも3カ月くらいの準備期間を置くことにしている。

ところが、この時ばかりは違っていた。わずか1カ月後には必要なだけの赤松の割り木を用意し、再度穴窯に挑戦することにしたのだ。その結果、どうにか抹茶茶碗や皿、花器、壺など再び２００点の志野と黄瀬戸を焼き上げることができた。

正直言って穴窯の経験を積んでいたわけではなかったので、出来栄えは必ずしも満足できるものではなかった。しかしながら、間違いなく穴窯の魅力を感じ始めていた。

それまでは作家ものの作品もガス窯で焼いていたが、穴窯で焼いた作品はそれまでのものとはまるで違っていた。独特の雰囲気や趣があったからだ。昭和55年、松坂屋本店でわしの初の穴窯による作品展が開催された。焼き上げた２００点の中から、志野の茶碗や黄瀬戸の花器など20点を選んで出品した。

初窯で失敗した時はすっかり落ち込んだが、今では失敗したことは良かったと思っている。というより、失敗しなければいけないと思った。

失敗するからこそ原因を探り、それによって焼き物がどういうものかが分かってくるからだ。言い換えれば、陶芸の道を極めていくには失敗し続けなければならないということだ。

今でもひとつの窯で２００点ほど焼き上げ、気に入って世に出すのは１割の20点でしかない。９割は失敗ということなのだ。

松坂屋本店の作陶展に出品した「古美濃茶碗」(昭和58年)

試行錯誤の日々

それから年に1、2回は鶴里町の穴窯を使い続けた。誰も教えてくれないので登り窯や石炭窯の経験を参考にするしかなく、何もかも自分でやるしかなかった。

自分なりに工夫を重ね、模索を続け、経験を積めば積むほど分かってきたのは、穴窯は登り窯や石炭窯とはまるっきり違うということだった。薪《まき》のくべ方もまったく違うのだ。

焼き物が焼かれていくには、二つの状態がある。酸化焼成と言われるものと還元焼成と言われるものだ。

酸化焼成というのは、空気をたくさん送り込んで薪を完全燃焼させていくやり方だ。還元燃焼というのは、途切れなく薪をくべていき空気を少なめにして焼き上げていくやり方だ。釉薬が土によく反応して、深い色合いを引き出すことができる。

穴窯で志野を焼く時は薪のくべ方や空気の送り方を工夫して、意図的に適度な空気不足の状態を作り出さなければならない。このころ合いが難しい。

しかも、窯焼きの環境はいつも同じとは限らない。だから、こういう環境下でこういう焼き物を焼くにはどういう焼き方をすればいいのかは、ひたすら経験を積み自分で感触をつかんでいくしかないのだ。

よう考えてみれば、わしが相手にしているのは自然そのものだった。さまざまに異なる土の中から焼き物に適した土を探し出し、自然が生み出すさまざまなものを釉薬の材料に使ってみる。見えない窯の中でどのように薪が燃えていくのかも、自然の摂理に基づいた現象なのだ。

自然を相手に焼き物を焼く。これほど難しく、奥深いものはないように思えてきた。

こうして、8年間鶴里町の穴窯を使ってきた。焚くたびに新たな課題が見つかり、どうすればいいのかを自分で考えて実行し、また反省する作業を続けてきた

それでも作品は未熟なままで、「美濃の焼き物をやらんといかん」と言って進むべき道を示してくれた加藤唐九郎さんや、志野焼のひとつの目標である荒川豊蔵さんの作品にはまだ遠く及ばなかった。

鶴里町の穴窯で模索を続けていた頃

自分の穴窯

大和工業が提供してくれた穴窯を使っているうちに、自分の穴窯が欲しくなってきた。

理由はふたつあった。ひとつは、他人の所では気を使ってしまい、思うような仕事ができないことだった。

窯焼きは6昼夜を通して行う。火を使う熱い仕事なので、当然大量の汗をかく。風呂へ入りたいのだが、窯場には風呂がない。だから、近くにある大和工業社長の佐々木さんの家へ行き、使わせてもらうことになる。

台所もないので、食事のことなども含め何かと佐々木さんの世話にならなければならない。もちろん、佐々木さんが嫌な顔をすることはないのだが、好意を受ければそれだけ精神的な重しとなって返ってくる。

火と格闘し続けるので、窯焼きは肉体的な負担の大きな作業である。そこへ精神的な負担が加わってくると疲労感が高まり、まいってしまう。わしだけのことなら我慢もしようが、手伝いの者も疲労が溜まっていき、このことには本当に難儀した。

もうひとつは、窯焼きは自然との勝負ということだ。雄大な自然の中で季節ごとに変化していく自然の息吹を感じながら、自分の焼き物を焼いてみたくなってきたのだ。

このような望みを実現するには、大自然の中に自分だけの穴窯を作る必要があった。場所は、近くに民家のない山の中でなければならなかった。なぜなら、5、6分おきに薪をくべたりするので、それだけ煙がたくさん出る。だから、周囲に民家があると迷惑を掛けてしまうからだ。

(そんな理想的な場所がどこかにあり、それをわしに提供してくれる奇特《きとく》な人

がいるのだろうか）
そんな悩ましい思いを抱き、周囲の人にも自分の気持ちを打ち明けた。すると、一番上の姉の夫、兼松清三さんが言った。
「わしの所に何も使っていない山がある。そこを使ったらどうだろうか？」
それは、桃山陶の発祥の地である久々利にある山のひとつだった。

鶴里町の穴窯で妻（左）、筆者、長男（右から）

自然との戦い

桃山陶を焼くための自分の穴窯を造ることができる。

こんな願ってもない話は、ほかには考えることができなかった。開発されていないから、周囲に民家などはなく、迷惑を掛ける心配もない。

問題はそこが開発されてはおらず、使われていない山だということだった。使われていないから道がない。道がなければ山奥へ入り込み、穴窯を築き上げることができないからだ。

幸運だったのは、隣接地で中部国際ゴルフクラブの造成が行われていたことだった。造成するための道路が取りつけられ、それを利用して自分の穴窯を造り上げることができた。

こうして、6千坪の野山の一角にわし自身の仕事場が完成した。昭和62年のことだった。

中部電力の協力を得て電気を引くことができたので、陶房を設け、バス、キッチン、トイレつきの住宅を併設することができた。これで誰にも気兼ねすることなく、陶芸に打ち込むことができるようになった。多くの人に訪ねてきてもらえるように環境も整備した。

ここで年2回、春と秋に焚くようにしている。それまでと同じように毎回200点を焼き上げるが、1割ぐらいしか納得のいく作品ができない。後の9割は失敗というわけだ。

焼くたびに、わし自身の目も肥えているはずなので良い作品ができるはずだが、要求水準も高くなっていくので、いつも「そんなに良い物はなかなかできないな」という思いにとらわれる。

陶芸の世界では「一に焼き、二に土、三に作り」と言われているが、焼きにこだわり、土を選び、自分の個性を生かした形を作り上げても、窯出ししてみると思っていたようにできていないことが多い。

それだけ自然というのは奥が深く、窯を焚くたびにもっと奥へ分け入っていきたいという願望にとらわれる。陶芸の世界に終わりはない。今では、長男もここで自然と自分自身との戦いを続けている。

広大な野山の一角にある筆者の穴窯

気温40度以上の中で

久々利で窯焚きをするようになってから、今でもよう忘れんが自然の脅威をまざまざと見せつけられたことが何度かあった。自然を相手にするのはここまで過酷で難しいことなのかと、こういう時ほど思い知らされたことはなかった。ひとつは窯焚きの最中に、岐阜県の内外に大きな被害をもたらした台風に襲われた時のことだった。

進路予想では、台風は朝鮮半島の方へ行くことになっていた。だから、まあ大丈夫だろうと思っていた。そうしたら向きが変わってしまい、日本列島を直撃することになったのだ。この時ほど大変なことはなかった。

何しろヒューヒューと音が鳴るほどの強い風が吹き始めて、煙突から風が入ってくる。その風にあおられて、薪をくべる窯の穴から炎が噴き出てくる。

それでけでなく、雨が降ってくると斜面から流れてきた雨水が窯の下のほうに溜まって、水かさが下のほうから段々と上がり始めてきた。

そうなれば窯の中の燃料が燃えづらくなり、炎のコントロールができなくなる。窯を開けてみると、予想していたように良い作品はひとつもなく、目も当てられない全滅の状態だった。

穴窯を焚くのは普段は春と秋だが、必要に迫られて夏に行ったことがあった。その夏は猛暑で、窯焚きの最中に多治見市が当時の日本最高記録の40・9度を記録した。しかも、窯の温度は1200度に達していた。

気温は記録的な暑さだし、窯からは熱が伝わってくる。この二重の熱に責め立てられてすっかり体力を消耗してしまい、食事ものどを通らなくなってしまった。

気力も体力も、正に最悪の状態だった。だからといって、途中で止めるわけにもいかない。わしはふらふらの状態で最後まで窯を焚き続けた。結局、世に出せる作品は1点もなく、8月に窯は焚くべきではないと思い知らされた。

6月のように雨が多いシーズンも温度の調節が難しいので、避けたほうがいい。いろいろな条件を考えれば、やはり穴窯に挑戦するのは春と秋が一番良いのだ。

穴窯に挑戦するのは春と秋が１番良い

春は梅、秋はツツジ

穴窯というものは誰もがやれるわけではないし、簡単にできるものでもない。窯を築き上げるには、まずは他人に迷惑を掛けないような人里から離れた場所を見つけなければならないからだ。

しかも、窯焚きの作業は過酷である。六昼夜にわたり不眠不休で焚き続けなければならない。こういう過酷な条件に耐え、片時も気を抜くことなく窯の火をコントロールし続けるには、ゆっくり食事ができたり、風呂へ入ってくつろげるなど生活環境の整備も欠かせない。久々利にあるわしの仕事場は、そういう条件を満たしているのだ。

その望みをかなえるために、姉さん夫婦が提供してくれた6千坪の山の中の一角には山を削ったり、石を積んだりして築き上げた穴窯がある。校倉《あぜくら》づくりの仕事場もある。わしはこれまでに、自分にとって最良の仕事場を整備してきた。

この仕事場は作品について思いを巡らし、焼き物の形を作るところから焼き上げるまでの全部ができる、まさにわしの活動の本拠地なのだ。

周囲にある自然環境も勝れている。春になれば梅が咲き、やがては山ツツジが満開になり、サツキの季節がやって来る。夏が過ぎて秋になれば、今度は紅葉が美しい。

この地は紅葉がよく似合うので、兵庫県の芦屋から大きなもみじの木を1本持ってきて、窯場の近くに植えた。できるだけ多くの人に、気軽に訪ねてきてもらいたいのでオープンにしている。ここへ来てもらえれば、窯を焚くところもすべて見ることができるのだ。

焼き物には奥深い魅力があるが、それを作り上げるには焼き物ならではの難しさがある。作品を作る時にはいろいろな思いがあるし、自然な原料を使うという強いこだわりもある。

こういうすべてのことを、1時間、2時間という限られた見学時間で理解してもらうことはとてもできないが、できるだけ多くの人に来てもらい、焼き物が作られていく現場を、じっくり体感してもらいたいと思っている。

全ての条件を満たした久々利の仕事場で

両方あるからいい

穴窯を焚く時、とりわけすごいことになるのは後半の3日間。5分ごとに、燃料である赤松の割り木をくべ続けなければならないからだ。

穴窯は窯の部分が地中にあるので、最初の3日間は、950度ぐらいの温度で地中を温めていく。後の3日間は、950度から1200度まで徐々に上げていく。この時、窯の中は還元焼成の状態になる。

窯の中の温度は片寄ることなく、満遍なく上げていかなければならない。こちらは上がっているが、あちらは上がっていないというのではなく、全体を同じ温度にしなければならないのだ。なかなか難しいことだが、これができないと良い物を焼くことはできない。

日常づかいの仙太郎窯の器は、ガス窯で焼いている。こちらの焼き物は、たくさんの人に手軽に楽しんでもらいたい。穴窯で焼いたものとは別物だが、桃山の志野に近いものを作っている。

一般にはガス窯のものは丸っと1日で焼き上げるが、仙太郎窯では時間をかけ、3日間ぐらいを費やして丁寧に作っている。

使用する釉薬も、材料はよそから購入するのではなく自然な素材を使い、自分たちで作っている。だから、ほかにはない独自のものが生み出せる。絶えず他人のやれないことをするよう心掛けているのだ。

穴窯があるおかげで、その経験をガス窯に生かせるというわけだ。逆に釉薬の溶け具合など、ガス窯で勉強したことを穴窯に生かせることもある。要するに、両方あるから良いのだ。

ガス窯で焼く器は、多くの人に気軽に使ってもらうので、どのようなものが大勢の人に受け入れられ、市場性があるのかを絶えず研究している。こういう物が使い勝手が良いのではとか、最近の若い人はこういう物を好むのではとか、こちらも勉強が欠かせない。

年に2回、市之倉でイベントが開催され、たくさんの人が足を運んでくれる。お客さんの動向をキャッチして、好まれるものを生み出していく良い機会になっている。

日常使いの器を焼く仙太郎窯のガス窯

春と秋に焼き物イベント

瀬戸市に近く、名古屋市内からもほど近い、緑豊かな山々に囲まれた所にある陶の里「市之倉」。この地の焼き物産業を盛り立てていくための業界団体として、市之倉陶磁器工業協同組合がある。

わしはこの組合の役員を務めてきた。昭和51年から7年間は理事職にあり、平成6年からは副理事長を務めた。副理事長時代の思い出としては、組合が運営している「ギャラリー与左ヱ門」で仙太郎窯の百年祭を開催したことがある。

ギャラリーの名称は、市之倉の〝中興の祖〟と言われる加藤与左衛門常政公の名前をとったもので、地域の窯元の作品を展示販売することを目的に設けられた。この施設の利用促進を図るため、わしは先陣を切って使わせてもらったのだ。

それから、平成8年から20年までの13年間にわたって理事長を務めることになった。役員としての活動履歴から見ても、年齢的な面から言ってもそろそろそういう年恰好になってきたなと判断し、地元のためにということで引き受けさせていただいた。

組合が行っている最大の事業は、何といっても年2回、春と秋に開催しているイベントだ。地域の焼き物産業の振興を図るためにいろいろな催しを計画して、たくさんの人に来てもらって市之倉の焼き物に広く親しんでもらおうというものだ。

春のイベントは、毎年4月に開催している「市之倉陶祖祭」。町を見下ろす秋葉山のふもとには、加藤与左衛門常政公の碑が建立されており、その前で常政公の遺徳をしのぶための式典を行い、これと併せて陶器市などを開催している。

この伝統ある行事は、理事長をお引き受けする以前から行われていた。これに加えて、わしが理事長に就任してから始まったのが秋のイベントだ。

毎年10月に開催している「陶の里フェスティバル」で、理事長に就任した翌年に第1回を開催し、在任中に12回まで開催した。新しい試みだったので、今年は何をやろうかといろいろ工夫を凝らした。反響もあり、楽しい思い出がいくつもある。

市之倉陶磁器工業協同組合の事務局

相乗効果

「陶の里フェスティバル」は岐阜県の支援・指導によって始まった。県内の産業振興策の一環として打ち出されたもので、地場産業の活性化を図るために、いくつかの地域が連携し新しい取り組みをスタートさせていこうという試みだった。

それぞれの地域が特色を生かしたイベントを計画して開催する。しかしながら、単独で行うのではなくいくつかの地域が力を合わせ、ひとつのグループを形成して協力し合いながら進めていこうというものだった。

地域が集まって何をどのようにするのかを話し合ったり、事業の運営方法を決めていくので、互いに刺激したり協力関係を築き上げていくなどの連携効果を見込むことができた。

市之倉の隣接地域には、同じような焼き物の産地がある。下石《おろし》、駄知《だち》、笠原《かさはら》の三つだ。

市之倉が古くから「さかづき」の産地としてよく知られていたのに対して、下石は「とっくり」づくりが盛んに行われていた。こうしたことから、市之倉と下石は昔からつながりがあった。

また、駄知は「どんぶり」が有名で、笠原は「茶漬け用の茶わん」などで知られており、それぞれに持ち味があった。

四つの陶磁器産地はそれぞれが独自に発案して、集客の見込めるイベントを計画して展開していく。

そして、イベント開催期間中は4地域を結ぶシャトルバスを運行させ、来場者にできるだけ多くの地域で楽しんでもらうようにしている。すなわち、4地域を結ぶことによって相乗効果を発揮させようというのだ。

平成9年の第1回は市之倉が単独で開催したが、翌年の第2回は下石、駄知と連携して行い、3地域を6台のシャトルバスで結んだ。平成11年の第3回目はさらに笠原が加わわって、10台のシャトルバスが4地域を結んだ。

「陶の里フェスティバル」で（右から６人目）

陶の里フェスティバル

さらに、「陶の里フェスティバル」は岐阜県から補助金をもらうことができた。そのおかげで、たくさんの人に来てもらうためにいろいろなおもしろいことを計画することができた。

わしにとっては理事長に就任してすぐに始まった大仕事だったので、どのようにすればより多くの人に興味を持ってもらい、引きつけることができるのかあれこれと知恵を絞り、いろいろなことを考えた。

2回目からはほかの陶磁器産地との連携開催が実現し、それ以後は開催期間は2日間として定着していくことになる。しかし、市之倉の単独開催だった第1回はちょうどうまく土日に祝日が連なり、10月10日から12日まで3日間の開催となった。

会場は市之倉運動場と隣接する市之倉体育館、それに市之倉公民館というように主要な公共施設をフルに活用した。

運動場では「蔵出し市」「手わざ体験コーナー」「陶磁器酒房」「野店」を開催。体育館では「くらしを彩る陶磁器展」と題して、地域産業の流れや郷土の産んだ巨匠、現代の巨匠、市之倉の代表的な焼き物であるさかづきなどを紹介。公民館ではコンサートや講演会などの文化催事を行った。

2回目以降も、このようなスタイルを踏襲していくことになる。これが変わったのは平成17年の第9回からで、この年以降メーン会場は「市之倉さかづき美術館」に移っていくことになる。

民間施設であるこの美術館は地域の新たな観光拠点として、平成14年に開館した。平成8年に多治見市がオリベストリート構想を打ち出したのに基づいて、地元の有力窯元らが出資して協同組合を設立して建設したものだ。

さかづきの銘品を集めた美術館を中心にショップやギャラリーなどがあり、窯元めぐりの案内も行っている。

陶の里フェスティバルでの「蔵出し市」

新たな観光スポット

平成9年の「陶の里フェスティバル」では初回を記念して、市之倉の焼き物技術を結集し「後の世に残るようなものを作り上げたい」という話が持ち上がってきた。

市之倉には、山岳信仰の霊場として大切にされてきた熊野神社がある。この神社には、さまざまな絵で飾っている「絵天井」がある。今からおよそ150年前、当時の市之倉の焼き物の画工たちの手によって描かれて奉納されたものだ。

絵は木板に描かれているが、奉納してから長い年月が経っているので当然のことながら絵の傷みが激しく、これに代わる新しい絵天井を描いてみてはどうかという案が浮上してきた。

いろいろ関係方面へお願いしてみたが、いくら風化したとは言え一度奉納された絵を取り外すことは許されなかった。そこで、市之倉にある八幡神社に奉納しようということになったのだが、やはりなかなか許可を得ることはできなかった。

それでも、いにしえの画工たちの心意気を再現してみたいという思いは強く、みんなで新しい絵天井を作ろうという機運は盛り上がっていった。

そこで、神社側の了解はまだ得られなかったが、みんなの熱が冷めないうちに作り上げてしまおうということになった。先人にならって木板の描けば、同じように時とともに風化してしまう。だから、絵が劣化していかないようにと、陶板で作ることになった。

市之倉の窯元や近隣地域の陶芸家が力を合わせ、みんなで一生懸命に頑張って80枚の陶板絵を完成させて、披露した。

陶板絵を作り上げた人たちの願いは、10年後の平成19年に実現することになる。八幡神社境内に陶板を納める建物が建造され、第11回陶の里フェスティバルで「平成の絵天井」として落慶式が執り行われたのだ。

平成の絵天井は、市之倉の新たな観光スポットになった。陶祖祭、陶の里フェスティバル開催期間には、とりわけ多くの人が見学に訪れる。

八幡神社境内に納められた「平成の絵天井」

「なんでも鑑定団」が大人気

陶の里フェスティバルでは実にいろいろなイベントを計画し、さかずきの産地にちなんで、第2回の時には「市之倉盃2000選展」を開催した。地元の陶芸家や窯元のさかづき2000点を展示し、来場者に千円でくじ引きをしてもらい、どれが当たるのかを楽しんでもらった。

料理と器との出会いを楽しんでもらおうと、第1回から第3回まで料理の達人の五味貞介さんに来てもらった。

第1回では料理と器についてのお話、第2回では五味さんがわしの所で作ったお重に料理を盛り、第3回では市之倉で作られた器に料理をのせて、来場者に料理と器を味わってもらった。

巨匠の優れた作品を紹介する催しでは、第2回の時に「岐阜県が生んだ巨匠展」ということで、「人間国宝　加藤卓男展」と「日本画の巨匠　前田青邨展」を組み合わせて開催した。

第3回では「美濃焼を育てた三巨匠展」ということで、加藤幸兵衛、加藤唐九郎、荒川豊蔵各氏の作品を紹介した。

岐阜県の重要無形民俗文化財である揖斐川町の「谷汲おどり」を招いたこともあった。胸元につるした太鼓を打ち鳴らし、竹を割り裂いて作った高さ四メートルの飾り物を背負い、ゆさぶりながら舞う勇壮な踊りだ。

とりわけ人気が高かったのは、第4回の「なんでも鑑定団」で、自分が示した値段より高い鑑定結果が出た人には、記念の皿を提供した。

なんでも鑑定団では、後日談がある。自宅の母屋を建てた時にある人から近代日本画家、杉山寧《やすし》氏の『耿《こう》』という作品をもらった。その後いただいた人が亡くなられたので、多治見で開催される出張鑑定団に申し込んだ。すると「東京のスタジオに来てほしい」と言われた。

１５０万円くらいと予想していたが、もう少し高くしたほうがいいとアドバイスされて１８０万円を提示すると鑑定結果は５００万円だった。

この時の司会者は、島田紳助さん。わしとのやり取りがおもしろかったということで、「俺の番組に出てくれんか」と言われて紳助さんの番組に2回ほど出演した。

驚きの鑑定結果が出た「なんでも鑑定団」（中央）

久保菜穂子さん、田中邦衛さん

穴窯を始める以前から、各界のいろいろな有名人と出会う機会に恵まれてきた。きっかけとなったひとつは、わしが作家ものの焼き物を始めたことであり、もうひとつは、仙太郎窯の普段使いの焼き物をそれまでの「ねこなし皿」から志野焼きなどの技術を生かした器の制作に大きく転換したことだった。

どちらもそれぞれにファンができて、評判が評判を呼んでそこから各界の有名人とお会いする機会が生まれてきたのだ。

穴窯を始める以前のことで、最初に思い出されるのは女優の久保菜穂子さんとの出会いだ。取引のあった多治見の商社に常日ごろから親しくしている人がいて、ある日その人が訪ねてきて言った。

「紹介したい人がいるんだが」

玄関に入ってきた女の人の顔を見て、わしは思わず驚きの声を発してしまった。

「何や、久保菜穂子さんやないか」

美しい女優さんがわざわざ訪ねてきてくれるとは、思ってもみなかったからだ。商社の人に理由を尋ねると、どこかいい窯元を見てみたいということで、いくつかの候補の中から仙太郎窯を選んでくれたとのことだった。

久保さんは焼き物が好きで、家で使う良い食器を探してみえた。そして仙太郎窯の器を気に入ってもらうことができた。それから焼き物を通じての交流が始まり、市之倉の講演会に講師として来ていただいたり、いろいろなイベントに顔を出してもらえるようになった。

男優さんでは、このころひょんなことで田中邦衛さんと知り合うことができた。田中さんは土岐市の出身で、焼き物をやっている家の出であり、多治見の陶磁器関係の人を通じて知り合うことができたのだ。

田中さんにも市之倉で開催されるイベントでの講演を依頼したが、快く引き受けてくれた。

そのころすでに映画の若大将シリーズなどですっかり人気者になっていたので、田中さんが登場するとみなさんはびっくりし、喜んでもらうことができた。大成功だった。

女優の久保菜穂子さん（左）と

女将さんの紹介で

各界の有名人とのびっくりするような出会いがいろいろあったが、中でも一番びっくりしたのは、何と言っても三和銀行（現三菱東京ＵＦＪ銀行）で頭取や会長を務めなさった関西金融界のドン、渡辺忠雄さんとの出会いだった。

以前、大阪に「一葉」という料亭があった。わしはひょんなことからそこの女将さんと知り合いになった。

女将さんは仙太郎窯の焼き物をたいそう気に入ってくれて、お中元やお歳暮のシーズンになるとぐい呑みをいくつも買ってもらった。盆や正月にお客さんに贈るためだった。長い付き合いだったが、残念なことに後を継ぐ人がなく、数年前に店を閉じてしまった。

一葉がまだ営業していた頃、ある日見かけない黒塗りの大きな自動車が市之倉へやって来て、わしの家の前で止まった。一体誰だろうと思っていると、一葉の女将さんと風格のある紳士が降りてきた。

女将さんは、その紳士をわしの所へ連れてきた。わしはその紳士が一体誰なのか、よく存じ上げなかった。

「三和銀行のトップの渡辺忠雄さんという方です」

女将さんは紹介してくれた。そんな偉い人が交通の便もあまり良くないむさくるしい所までわざわざおいでたことに、わしは本当にびっくりし、すっかり恐縮してしまった。

陶房を案内し、話しているうちに渡辺さんはわしの作家ものの作品をすっかり気に入ってくれた。わしという陶芸作家に、すごく興味を持ってくれたのだ。

それからしばらくして、渡辺さんから連絡があった。

「一度、三和銀行の本店まで来なさい」

東京の本店には、東山魁夷や梅原龍三郎など名の知れた画家の絵画が何点も飾ってあるので、「勉強のために見に来るといい」とのことだった。

わしはさっそく上京し、三和銀行本店へ行った。受付で要件を告げると渡辺さんの部屋へ案内された。ガラス窓から皇居を見晴らすことのできる素晴らしい眺めだった。

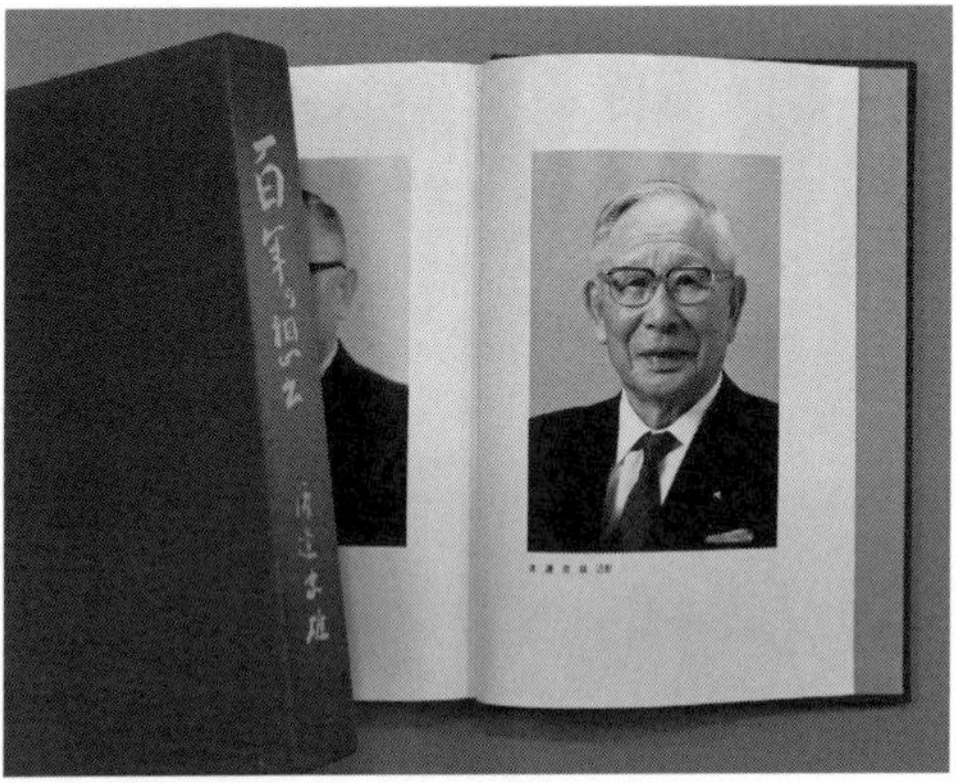

渡辺忠雄さんの回想録『百年の想出』

忘れられない経済人

渡辺さんはいくつもの部屋を案内してくれた。壁には素晴らしい絵が飾ってあった。そして、わしを案内しながら話をされた。

「とりわけすごい名画が手に入りました。絵の勉強のためには、この作品はどうしても見てもらわなければいけません」

それは、印象派絵画の巨匠ピエール＝オーギュスト・ルノワールの『パリスの審判』という絵画だった。ルノワール晩年期の代表的な神話画だった。

後になって渡辺さんの回顧録を読ませてもらったが、そこにも『パリスの審判』を購入した時のことが書いてあった。渡辺さんご自身にとっても思い入れの強い絵画だったのだ。

いろいろ見せてもらった後、本店内で料理をごちそうになった。わざわざシェフを呼んで調理してくれたのだ。どの料理も素晴らしいものばかりだった。名画とおいしい料理。わしにとって感激の一日だった。

有名な画家の中には、渡辺さんに応援してもらった人が何人もいると聞いていたが、まだ名前の知られていない、訳の分からないわしのような者を招待してもてなしてくれるなんてとても考えられないことだ。

それだけ心の広い、スケールの大きな人であり、106歳の長寿をまっとうされた。本当にどこまでもすごい人だった。

私はいろいろな人に支えられ、ありがたいことと心から感謝しているが、忘れられない経済人のひとりに池田芳蔵さんがいる。

財界出身者として初めてNHKの会長を務められた方だが、わしがお会いしたのは三井物産の社長をしてみえる時だった。

どこでどうわしのことをお知りになったのか、三井物産名古屋支店から突然電話があり、「社長がそちらへ伺いたいと言っているがどうでしょう」と意向を聞いてきた。目的を尋ねると「絵付がしたい」とのことだった。

当時は観光などということは想定してはおらず、今と比べると随分とひどい仕事場だったがせっかくなのでお受けした。

池田さんは皿など数点の器に絵付をしていかれ、とても満足された様子だった。

仙太郎窯を訪れた池田芳蔵さん

北の湖の思い出

スポーツ界で忘れられないのは、何と言っても北の湖だ。最初にわしの所へ来たのは三保ヶ関親方だった。

「修行のために焼き物をやらせたい者がいる。面倒見てもらえないだろうか」

「それは、ええことやないか」

わしは二つ返事で了承した。やって来たのが大関時代の北の湖で、さっそくロクロに向かって作り始めた。

以来、横綱になってからも夏の名古屋場所前になると、必ず市之倉へ来てロクロを回した。志野の抹茶茶碗を作ることが多かったが、手が大きいのでどんぶりのようになることもあった。

北の湖は最初から焼き物の形を作るのがうまかった。とても初めてとは思えない出来なので、わしは尋ねた。

「どこかでやったこと、あるんか?」

「ない」

ロクロに向かっている様子を観察して話しているうちに、なぜこんなに上手なのか理解できた。

相撲を取る時は、脇を固めなければならない。同じように、ロクロを回す時も脇が開いているとうまく作ることができない。脇をすぼめて、手がぶれないようにしなければならないのだ。

無心にロクロを回し続ける北の湖の様子を、秀でた一芸は何事にも通じるものだと感心しながらわしは眺めていた。出来上がっていく形も美しかった。

わしはそれまで相撲取りは体は大きいが美的感覚はまるっきりないと思い込んでいたが、大きな間違いだと気づいた。そんな北の湖のことをわしはすっかり気に入り、意気投合した。

日本画家の巨匠、奥村土牛《とぎゅう》さんのお孫さんが「手形が欲しい」と言うので、頼んでみると快く引き受けてくれた。手形を押してサインをした出来上がりを見て、芸術の勉強もしているのだと思った。

考えてみれば、相撲取りはただ体が大きく、力が強ければ良いのではない。頭脳の動きも優れていないと一人前にはなれないのだ。

孫のために手形を押してくれた北の湖に、土牛さんは絵を贈った。すごく高価な絵だった。手形1枚でこれだけの絵を手に入れることができる。本当に北の湖はすごい男だった。

器用にロクロを回す北の湖（左）

うなぎどんぶり8杯

長い北の湖との付き合いの中で、驚かされたこともあった。どれもこれも懐かしい思い出ばかりだ。

あれは横綱へ昇進する時のことだった。めでたいことなので、市之倉でもお祝いしようということになり料亭で激励会を開いた。

北の湖はものすごく強い相撲取りだったので、昇進のスピードがきわめて速く21歳という若さで横綱まで登りつめた。

21歳というのは、相撲取りとしてはまだまだ体が大きくなっていく盛りである。だから、さぞかしたくさん食べるだろうと予想していた。しかしながら、うなぎどんぶりを8杯も平らげてしまう光景を目の前で見せられると、少々のことでは動じないわしもびっくりしたし、やはり相撲取りは違うと感心した。

横綱に昇進してから、こんなこともあった。

わしに美濃焼の道へ進むようアドバイスしてくれた加藤唐九郎先生に、北の湖を紹介する機会があった。

誰に対してもざっくばらんな唐九郎先生は思ったことを口にするようなところがあり、初対面の北の湖に向かって言った。

「相撲取りは、ふんどしいっちょうで飯が食えて、ええなあ」

先生なりの親しみを込めての言葉だったが、北の湖はどう思ったのか表情を変えることなく返した。

「ふんどしじゃないです。まわしです」

陶芸界の巨匠と天下の横綱の間に一瞬、緊張が走った。2人の間にいるわしはひやりとし、どうすればいいのか戸惑った。すると、唐九郎先生は笑いながらわびた。

「いやあ、すまん、すまん」

場の緊張がなごみ、わしはほっとした。

一瞬の緊張から、唐九郎先生はまわしに賭けた横綱の心意気を感じ取ったのか、それ以来、すっかり北の湖のファンになってしまった。

北の湖とはそれからも長い付き合いが続き、名古屋場所の時は休場していても交流を欠かすことはなかった。

北の湖（左）との交流は長く続いた

勇姿をもう一度

天下の大横綱も体の不調が続いて、ついに引退の決断を迫られた。そこで、両国国技館で引退相撲と断髪式が行われることになった。相撲史に残る名横綱の引退だけに、国技館は1万1千人の観客で膨れ上がった。

親しかった人たちの手によって執り行われる断髪式では、過去最高の367人が土俵を去る北の湖のまげにはさみを入れることになり、その儀式にわしも呼ばれることになった。

厳粛な気持ちで土俵に上がり、杉良太郎さん、アントニオ猪木さん、川崎敬三さんに続いてはさみを入れたのだ。

引退に際しては、応援し親しくしていた人へのお礼の気持ちを込めて、ケースに入っている横綱のミニチュアをいただいた。そこには「安藤さんへ」と書かれてあった。

引退してからは、少しずつお会いする機会が減っていった。とりわけ、日本相撲協会の理事長に就任されてからはとてもお忙しい立場なので、なかなかお目にかかることができなくなった。

それでも、市之倉の保育園に通う子供たちのために「お相撲さんと触れ合う催しがしたい」とお願いすると、快く応じてくれて3人の部屋の若い衆を寄越してくれた。

本当に残念なことだが、北の湖は平成27年11月20日に亡くなった。朝日新聞から連絡があって、わしはコメントを出すことになった。

それから、数カ月後の翌年2月、わしはかつての北の湖の雄姿をもう一度見ることができた。NHKがアーカイブの番組『復活北の湖　苦闘の1年』を再放送してくれたからだ。放送前にNHKから連絡があった。映像にわしとのやりとりが映っているので、了解を得るためのものだった。

それは、休場の続いた北の湖が病院へ通ったり、親しい知人に会ったりして過ごした苦しい1年間を経て、見事に全勝優勝を果たすまでを追ったドキュメンタリーだった。

わしは北の湖の仕草や息づかい、若き日のロクロに向かうひたむきな姿を思い出し、涙を禁じることができなかった。

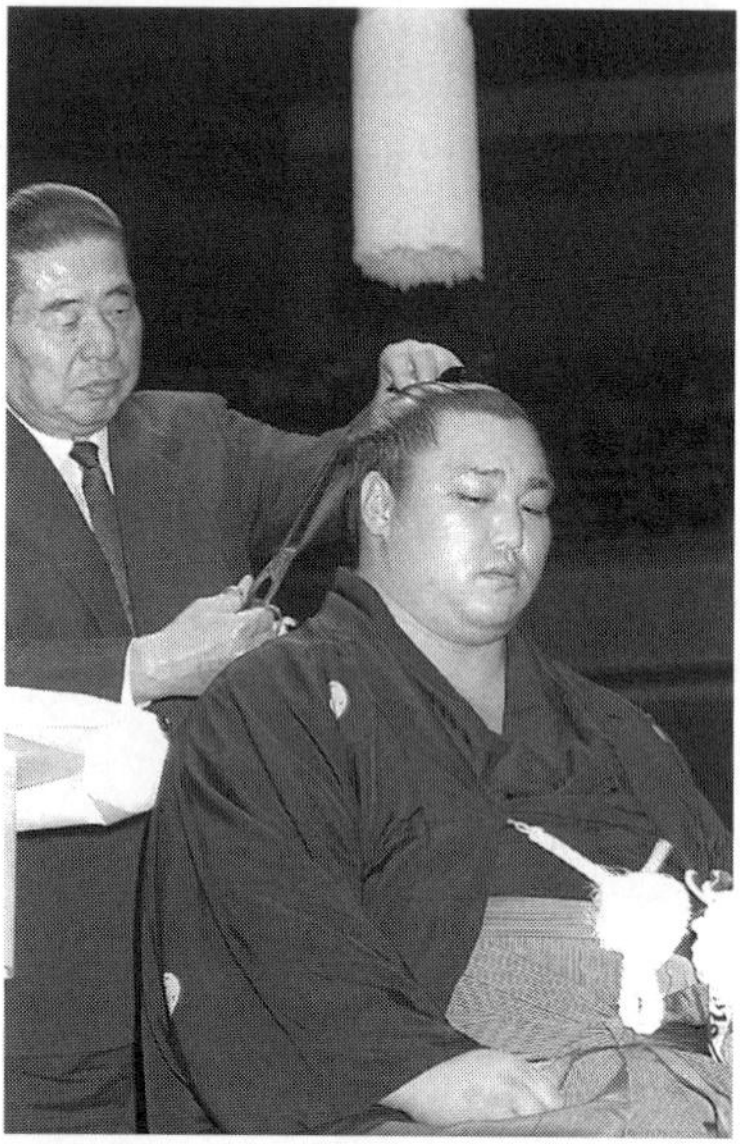

名横綱、北の湖の断髪式（写真提供：共同通信）

真の愛好家

仙太郎窯の器を愛してくださるお客さんがどれくらいござるものなのか、正確に知るのは難しい。しかし、思いがけない出会いから仙太郎窯の器を愛し、大切にしていた人がおらした事実を知る機会に恵まれた。

それは、平成21年11月のことだった。全国の百貨店などで個展を開催していたが、西武秋田店で開かれていた長男、工との「父子作陶展」の2日目、ひとりの女の人がやって来てわしに話し掛けてきた。

女の人は大きな竹かごを大事そうに抱えていて、あいさつを交わすとその中からタオルにくるんだものを取り出した。包まれていたのは志野の湯飲み茶碗、角皿、大皿の3点だった。

それを見て、わしは驚いた。50年前、儲けの薄い「ねこなし皿」作りから脱け出し、志野焼きの技術を活用した器へと仙太郎窯の商品を大きく転換しようとしていたころの懐かしい食器だったからだった。

女の人は秋田県湯沢市に在住の主婦で、お名前を守口真由美さんといった。お会いした時は60歳になられていたが、小学校4年生の時に多治見市内に住んでいたらしい。

真由美さんのお母さんの奈緒美さんは焼き物が好きで、仙太郎窯の窯出しの日を調べ上げて訪ね、焼き上がったばかりの志野を買っていってくださった。うれしい限りのことなのでお宅に伺ってみると、茶碗や皿や小鉢などわしがまだまったく無名だったころの食器がガラスケースの中に並べられていた。20種類、100点ほどあった。

奈緒美さんはその後、北名古屋市に移り住み、それらを大切に使っていた。お母さんが亡くなって残された食器は真由美さんが引き継ぎ、形見として大切に使い続けたとのことだった。

昔から言われていることだが、土物は使う人の手によって育てられていく。大事に使い続けていると、器に貫禄のようなものがでてくるのだ。一目見ただけでそのように大切にされてきたことが分かり、わしは深い感動に包まれた。

母の形見として器を大切に使い続けてきた守口真由美さん（右）と

穴窯コンサート

穴窯が完成してからは、それまで経験したことのないような出会いの機会に恵まれた。忘れられない思い出がいくつもあるが、その中のひとつが「穴窯コンサート」だった。

真夏の暑い盛りに、わしが汗水流しながら穴窯を焚く。その隣でNHK交響楽団の首席フルート奏者だった小出信也さんがフルートを奏でるというもので、窯焼きの炎とフルートの音色のジョイントコンサートというわけだ。

話の発端はある日、心安くしていたNHKのディレクターとアナウンサーがやって来たことだった。2人はひとつの提案を持ち出した。

「日出ちゃんの穴窯のある所で、コンサートをやってみませんか?」

なかなかおもしろそうな話だと思った。それに、わしは新しいことに挑戦するのが好きだったのですぐに了承した。

すると、「山の中でコンサートをするなんてなかなかないことだから、どうせやるのなら番組にしましょう」と話が進んでいき、名古屋放送局の夏の特別番組ということで、午後8時から8時45分までのゴールデンタイムにジョイントコンサートが放送されることになった。

最初は軽い気持ちで了承してしまったが、打ち合わせをするたびに大変なイベントへと発展していった。小出さんだけでなく、ピアノ奏者やソプラノ歌手まで来るという。

話はさらに広がっていった。ちょうどその年（昭和62年）は岐阜県の国際年の年に当たるということで岐阜県にはさまざまな国から学生が来ていたので、その学生たちに焼き物を体験してもらおうということになったのだ。

しかも、単なる焼き物体験ではなく原点に戻ろうということで、焼き物のもっとも古い形である野焼きをコンサートに合わせて実現してみようということになった。

結局、無料で招待する観客や手伝いのボランティアの人を含めて500〜600人が山の中の狭い場所に集まることになった。

大イベントとなった「穴窯コンサート」

予期せぬ出来事

計画が練り上げられていき、コンサートのキャッチフレーズも決まった。

「楽よ響け、炎よ燃えよ」

素敵なキャッチフレーズだった。しかし、コンサートの準備は見るからに大変そうだった。まともに舗装されていない細い山道を通り抜けて、ピアノだけでなく、上方から撮影するためのクレーンまで運び込まなければならなかったからだ。

今は陶房になっている所には何もなかったので、観客席が設営された。本当に大変な設備だった。

このように大変な努力を重ねて準備をしてきたのに、演奏当日に予期せぬ出来事が起きた。本番が近づいてくる夕方、多治見市内でものすごい夕立《ゆうだち》が降ったのだ。

演奏するステージにも、観客席にも屋根はない。しかも、大量の雨が集中的に降れば穴窯に支障が生じる。そうなれば開催することは不可能だった。

ところが、不思議なことに多治見では降り続いているというのに、心配しながら空を見上げても一滴の雨も降ってこないのだ。

わしは5、6分おきに薪をくべ始めた。6昼夜の窯焚きのクライマックス、いよいよ迫力のあるシーンに突入したのだ。それに合わせて、わしの隣ではフルートとピアノとソプラノのコンサートが始まった。

薪をくべる合間にステージへ呼ばれ、アナウンサーにインタビューされた。

「今はどういうことをしているのですか？」

その問いに、わしは答えた。

「薪をくべからかさんといかん」

アナウンサーは「くべからかす」という言葉が理解できなかったらしく、「どういうことですか?」と尋ねてきた。わしはどう説明すればいいのか、戸惑ってしまった。

ステージや木の腰掛けを配置した観客席はすべてボランティアの人たちの手作りであり、多くの人に支えられたコンサートだった。

コンサートの合間に穴窯を見学する参加者

風流なお茶会

穴窯コンサートが終わると、親しくしている料理の達人の五味貞介さんが言ってくれた。

「コンサートの成功を祝って、打ち上げをやりませんか」

うれしい申し出なので、五味さんが料理の腕をふるっている店へ出掛けてごくろうさん会を開いてもらった。その席で、五味さんはおもしろいことを言い出した。

「南極の砂を持っているが、これを焼き物に使えませんか？」

それは、ザクロ石片麻岩《へんまがん》という砂だった。これを焼き物の材料に利用できないかというのだ。

なぜ、五味さんが南極の砂を持っているかというと、南極越冬隊の料理長を務めた経験があるからだ。興味深い話だったので、わしは迷うことなく「できます」と答えた。

さっそく、細かく砕いたザクロ石片麻岩の砂を混ぜて8個の黄瀬戸の抹茶茶碗を焼き上げた。茶碗は黄色と黒が交差する奥深い色に仕上がり、表面の所々にはザクロ石片麻岩の鉄分が見えてオーロラのような色を発している。わしはその抹茶茶碗を『極光』と名付けた。

なかなかおもしろいものが出来上がったので、心安くしているみなさんに差し上げた。すると、五味さんは抹茶茶碗を手に取って眺めながら、今度は風流な提案をしてきた。

「みなさんにあげた抹茶茶碗をもう一度集めて、お茶会を開きませんか？」

「それはまた、おもしろそうですね」

わしがそう答えると、さらに言った。

「どうせやるのなら、南極の氷を解かした湯で茶を点《た》てたらどうでしょう」

こうして、わしの穴窯で「南極茶会」を開くことになった。あちこちに声を掛けていたら総勢300人くらいの人がやって来た。

越冬隊長を務め、映画『南極物語』の監修者としても知られる村山雅美《まさよし》さんをゲストに招いた。

五味さんはどこで手に入れてきたのか、約束通り南極の氷を持ってきた。さらに、集まったみなさんにおいしい点心《てんしん》を振る舞った。

『極光』と名付けた抹茶茶碗

鈴木せき子さん

わしの穴窯へやって来た人でとりわけ忘れられないのは、すでに亡くなられてしまったが、ひつまぶしで有名な「あつた蓬莱軒」女将の鈴木せき子さんだ。豊田市の旧小原村は、小原和紙の伝統工芸で知られている。和紙の原料のコウゾを染色し、それを絵具代わりにして絵模様をすき込んでいく美術工芸品だ。

その小原和紙の工芸作家である山内一生先生と親しくさせていただいているが、ある日、鈴木さんが一生先生の紹介でわざわざ穴窯まで訪ねてみえた。

鈴木さんはチャリティーバザーを開いていて、ご自身は組紐を提供してみえたが「ひとつ協力してもらえないだろうか」とお願いにいらしたのだ。わしは快く引き受け、志野の器を提供することにした。

そこから始まって、鈴木さんとは随分と心安くなった。鈴木さんは中日ドラゴンズの選手と懇意にしていたので、わしもドラゴンズのＯＢ会に誘われて引退することになった選手や大活躍した選手に贈る記念品を持参して、一緒に出席するようになった。

平成13年9月の敬老の日、鈴木さんが80歳になったのを記念して始球式が行われることになったが、「立ち会ってほしい」と頼まれて山内先生と一緒にナゴヤドームのマウンドに立った。

鈴木さんとの付き合いはこうしたことに止まらず、わしの焼き物づくりにも深く関わることになる。

平成10年に黄瀬戸で多治見市無形文化財保持者になった。このような評価を受けるのは大変名誉なことだった。しかしながら、黄瀬戸の出来栄えに必ずしも満足していたわけではなかった。わしらしい黄瀬戸を作り上げるために、どのように進化させていけばいいのか悩んでいたのだ。

文献を読み、いろいろと研究を重ねていった。すると、備長炭の灰を使う方法が紹介されていた。わしはピーンときた。

「これだ！」

その時、ある光景が目に浮かんだ。

始球式のマウンドに立つ鈴木せき子さん（中央）、山内一生先生（左）と

備長炭の灰

焼き物の釉薬を作るには灰が欠かかせない。長石とか、硅石とか、釉薬に用いる原料を溶かす役割があるからだ。しかも、使用する灰によって焼き物の風合いがさまざまに異なってくる。だから、良質な灰を探し出して上手に使うことが良い焼き物を焼く条件のひとつと言うことができる。

古い文献を読んでいても、昔の人はどういう灰を使えば良いのかをよく研究していたことが分かる。その中で、備長炭の灰を選択したという事例が紹介されていた。

そう言えば、加藤唐九郎先生も話していた。

「備長炭の灰を使うと、なかなかおもしろいものができる」

備長炭と言えば、蓬莱軒がうなぎを焼く時に使っていた。備長炭を使うことが、蓬萊軒の味を支える重要な要素のひとつになっているのだ。

しかも、全国からお客さんがやって来る有名店であり、あそこにならなら間違いなく大量の備長炭の灰があるはずと思って、すぐに鈴木さんに電話した。

「店で使った備長炭の灰は、その後、どうしとるかの？」

不思議な質問を聞いたとでもいうような答えが返ってきた。

「捨ててますけど」

「それなら、それ、わしにもらえませんか」

「もちろん、いいですよ。いくらでも差し上げますわ」

それから、わしは納得してもらうために備長炭の灰をなぜ必要としているのか、その理由を説明した。

その日以来、毎週のように灰が詰められた段ボール箱が蓬萊軒から届くようになった。

いただいた灰には、うなぎから滴《したた》り落ちた脂がびっしり付着していた。このため、1カ月くらいをかけて脂を抜き取る作業を行い、何度もこした灰を調合して黄瀬戸に適した釉薬を作り上げた。

それから、この釉薬を使った黄瀬戸を穴窯で焼き上げた。それまで見たことがないような重厚なもえぎ色に仕上がっていた。こうして、わしの黄瀬戸はまたひとつ大きく進化することができたのだ。

「あつた蓬莱軒」からは段ボールで備長炭の灰が
届く

失敗作を割る

わしはいつも市之倉弁で話している。今では地元でも話す人が少ないし、よその人と話す時は使いたがらない人もいる。しかし、わしは誰に対しても市之倉弁で通している。

そのことがおもしろいらしく、何度もテレビ番組に出してもらった。テレビ局の番組を制作する人はいつも、何かおもしろいものを持っている人を探しているからだ。

フジテレビの『笑っていいとも』に出演したことがある。タモリさんが司会をしていたあの人気番組だ。わしが、焼き物の成功作と失敗作を新宿のアルタスタジオに持ち込み、どちらが成功作かをゲストや司会者を含め6人の出演者が当てようというのだ。

成功作を当てることができたのは、ゲストの竹野内豊さんと上戸彩さんの組だけだった。いつもそうしているように、失敗作はその場で粉々に割った。出演者の誰もが「良い器だったのに」「割るくらいなら欲しかった」と残念がってくれた。

タモリさんの質問に答え、わしは夏の暑い盛りに穴窯を焚いた話をした。すると、タモリさんは言った。

「気温が40・9度の時に窯が1200度ということは、1240・9度の世界最高気温を体験されたんですね」

タモリさん流のジョークに笑いが起こったが、わしは「笑いを取るようなことではないのに」と心の中でつぶやいていた。

関西テレビの『テンションあげまSHOW』という番組にも出演した。何かスカッとすることをして、みんなのテンションを上げようというのだ。

制作担当者から聞かれた。

「失敗作はありますか?」

「いくらでもある」

「それでは5点ほど持ってきてください」

失敗作を割ってテンションを上げようという狙いだが、実際に番組の中で割ると、やはり「もったいない」「欲しかった」と言う人が多く、逆にテンションが下がってしまった。

地元のテレビ番組では、中京テレビの『PS』や東海テレビの『西川きよしのご縁です!』『スタイルプラス』などに出演させてもらい、楽しい時を過ごすことができた。

成功作も失敗作もここから生まれる

大本山管長の訪問

わが安藤家の菩提寺は市之倉にある臨済宗妙心寺派の永明寺というお寺だが、ある日、京都にある大本山妙心寺から1本の電話が掛かってきた。

大本山から直接電話が来ることなど一度もなかったので、用件を尋ねた。

「うちのおっさまがそちらにすばらしい穴窯があるのをご存じで、ぜひ焼き物を作りたいと申しています。お訪ねしてもよろしいでしょうか」

そう切り出して、事情を説明した。

可児市で近く妙心寺派の大きな大会が開催され、そのおっさまも来る。おっさまは焼き物に興味をお持ちで、これを機会に久々利にあるわしの穴窯を訪問したいとのことだった。

どんな方がやって来るのか分からなかったが、桃山陶を復活させたいという壮大な夢の実現のために始めた穴窯のことはできるだけたくさんの人に知ってもらいたかったので、「ええでないですか」と即答した。

当日の昼過ぎに、おっさまがやって来た。気さくな感じの方で、わしのこともよくご存じで「志野を作ってみたいので来ました」と言われた。

京都で焼き物をたしなんでみえるらしく手慣れた様子でロクロに向かわれ、手際よく10個ほどの抹茶茶碗を作り上げて絵付もなされた。なかなかの出来だった。

おっさまは深山の景色も愛《め》でながら、夕方までの半日間、時の経つのも忘れてゆったりと作陶を楽しんでいかれた。

後日、永明寺から送られてきた大本山の冊子『花園』を見てびっくりした。妙心寺派の中でもっとも偉い方、すなわち管長さんの写真が載っていて、それはわしの穴窯へやって来たあのおっさまだったからだ。

とても信じられなかった。わしの所へ管長さんがみえるなどありえなかったし、突然、黄門さまの葵の御紋入りの印籠を見せられてひれ伏してしまうくらいに恐れ多いことだ。正にご先祖さまのお導き。それくらい貴重な体験だった。

臨済宗妙心寺派の大光禅棟管長（右）と

墓参りと写経

毎朝、必ずしていることがある。先祖を供養するための墓参りと写経だ。朝5時に起床して、般若心経を和紙に書いて仏壇に供える。それから自動車を運転して墓参りへ行く。それを1日も欠かさないで続けている。

毎朝の墓参りを始めたのは、平成4年3月からだ。きっかけは、市之倉にあった墓を、自宅から自動車で10分ぐらいの所にある平和霊園へ移したことだった。

わしがこのように元気で、体も丈夫でこれまで焼き物を続けてこられたこと。そして、今日のわしがこうしてここにあること。それらは、ひとえに健康な体と英知を与えてくださったご先祖さまのおかげであり、毎朝、感謝の気持ちを伝えにいっているのだ。

始めた当初は連続して100日間、墓参りへ行くことを目標にしていたが、達成することができたので「このまま徹底的に、一生やり続けよう」と決意したのだ。

天気の良い日にはご来光を仰ぐことができるので、すがすがしく、今日も元気で過ごせるパワーをもらうことができる。

墓参りした回数は手帳につけており、昨年（平成28年）春には9千日を超え、このまま続けていけば今年は9千5百日を超えることになる。

写経は区切りの年の2000年（平成12年）1月1日から始めた。般若心経の写経はみなさんやってみえるが、わしは仕事柄筆を持つし、親父同様に元来筆を持つことが好きだったので始めてみることにした。

居間に正座して心を落ち着けて机に向かい、丁寧に墨をすって筆を握る。そして、暗記している般若心経の276文字を書き上げていく。

すでに8千日を超えているので、和紙に罫線は一本も引いてないが、すべての文字を均等にバランス良く書き上げることができる。何事も毎日が修行であり、継続することによって乱れることなく書き上げることができるようになってきた。

人間誰しも、修行しながら一生を過ごせるのならそれくらい良いことはない。人の一生は修行の連続であり、それは焼き物づくりにも言えることだ。

毎朝の日課、写経

初の「父子展」

わしには「工」という長男がいて、同じ仕事場で同じ仕事をしている。仙太郎窯で焼き物を焼き、同じように陶芸家としての道を歩いている。

しかしながら、工に仕事を教えたことは一度もなかった。これからもない。わしが教えたらわしから抜け出せなくなり、自分自身の道を歩んでいくことができなくなるからだ。

工が子どもの頃から、後を継いでほしいと言ったことは一度もなかった。要するに、工は自分で考えて結果的に同じ道を歩むことになったのだ。

わしが何も教えない代わりに、6年くらいよそへ修行に出した。わし以外の陶芸家から学んでもらうためだった。おかげで自分なりの作陶に挑戦し、わしとはまったく違ったものが焼けるようになった。

ある時、工が「穴窯の仕事がしたい。桃山陶を作りたい」と言うようになった。わしは春と秋の年2回穴窯に挑戦しているが、違う日に工も挑戦するようになった。

穴窯を焚くには6昼夜にわたる不眠不休の大変な作業が求められ、それなりの人手が必要になる。このため、作業は2人で互いに協力し合い助け合って進めている。

しかしながら、作品については考え方も思いもそれぞれに異なっているので一切口出しはしない。作品の批評もしない。批評するのならわしではなく、よその人にしてもらったほうが効果があると思う。

わしがしてきたように、焼き物は誰かに教えてもらうのではなく自身の力で作り上げ、自分の焼き物を追求していくものだからだ。他人から教えてもらったものは本物ではなく、自分の力で作り上げていったものだけが本物なのだ。

そこから個性が生まれてくる。

このように自身の道を切り開いている工と、わしと娘の旦那の瀧下尚久という日本画家との3人による「父子展《おやこ》」が、今年（平成29年）3月22日から松坂屋名古屋店で開催された。

業者が作品を集めて企画した「父子展」はあったが、わしらが企画段階から関わる本格的な「父子展」はこれが初めてのことだった。

「父子展」を開く長男の工（右）と

あとがき

仙太郎窯では、初代（祖父）も二代目（父）も市之倉で小さなさかずきや小皿を焼いていました。その跡を継ぐことになったわしは、「こんなことをやっとったらいかん」と思っていました。

そんな時、陶芸界の巨匠、加藤唐九郎先生がひょっこり父を訪ねてきました。そして、同席していたわしに「焼き物をやるのなら、美濃で生まれた焼き物をやらないかん」と言われました。それは、桃山時代に作られた志野であり、黄瀬戸であり、織部であるわけです。

わしは、「そうか。そのためには勉強せなあかん」と決意し、そこから陶芸家への道と、仙太郎窯の新しい生き方を模索する第一歩が始まりました。二十歳のころのことです。

それから、リュックサックを背負い、美濃桃山陶の発祥の地である山の中を歩いて、土を探し、窯跡を掘り、さまざまな試みを重ねて、独自の技法を見出す努力を続けてきました。実に多くの人たちとの貴重な出会いがありました。

このたび、中部経済新聞社から連載企画の機会をいただき、これまでの歩みを綴ることができました。文章にするにあたっては、中部経済新聞社の専属ライター、津田一孝さんのお世話になりました。

わしらの仕事には、完成というものがありません。死ぬまで勉強であり、難儀することの大切さを忘れず、誠心誠意、すべて自然のもので勝負するという本物の焼き物を目指して、これからも挑戦を続けていく覚悟です。

平成二十九年七月吉日

筆　者

＊本書は中部経済新聞に平成二十九年一月五日から同年二月二十八日まで四十六回にわたって連載された『マイウェイ』を改題し、新書化にあたり加筆修正しました。

安藤 日出武(あんどう　ひでたけ)

1964（昭和 39）年日本伝統工芸展初入選、71 年日本陶芸展初入選。74 年日本工芸会正会員。96 年から 2008 年まで市之倉陶磁器工業協同組合理事長。16 年旭日双光章受章。岐阜県重要無形文化財保持者、多治見市無形文化財保持者。多治見市出身。

中経マイウェイ新書　036

未完《みかん》のままに

2017 年 8 月 15 日　初版第 1 刷発行

・

著者　安藤《あんどう》 日《ひ》出《で》武《たけ》

発行者　永井 征平　発行所　中部経済新聞社

名古屋市中村区名駅4-4-10　〒450-8561
電話 052-561-5675(事業部)

印刷所　モリモト印刷株式会社　製本所　株式会社三森製本

ISBN978-4-88520-211-7